RUDOLF STEINER

Anthroposophische Lebensaufgaben für Freiheit und Liebe

自由と愛の人智学 2

キリスト衝動

聖杯の探求

ルドルフ・シュタイナー
高橋 巖［訳］

春秋社

目次

キリスト衝動　聖杯の探求

キリスト衝動

聖杯の探求

聖杯の探求

キリストと霊界

全六講

ライプツィヒにて

1913年12月28～1914年１月２日

Christus und die geistige Welt

Von der Suche nach dem heiligen Gral

第一講

一九一三年一二月二八日

私たちの時代には、人智学の語る言葉に耳を傾けようとする多くの人たちがいます。その人たちの心に生じるいろいろな矛盾を拭《ぬぐ》い去るのは必要なことです。特に今のように、クリスマスから新年に移る祝祭の時期の思い出を真剣に受けとめようとする人たちは、ひとつの矛盾を意識せざるをえません。私たちは自分自身の霊的進歩を目指していますが、その一方で、人智学の認識内容をもって人類の霊的な歩みを共にしようとしています。だから、この祝祭の思い出を真剣に受けとめることを特別大切にしているのです。

クリスマスひとつを取り上げるだけでも、クリスマスをめぐって人間と宇宙の進化についての人智学の思想を受け容れようとするとき、矛盾・難問が湧き起こってくるのです。ですから、明るい心をもって祝祭を迎える一方で、不安な心で矛盾と向き合わざるをえないのです。

人智学を学ぶことで得られるもっとも重要な認識は、キリストの認識です。西暦のはじまりに生じた根本的に重要な霊的衝動の認識です。私たちはこの霊的衝動を「キリスト衝動」と名づけました。私たちは今、繰り返して問わなければなりません。――私たちの時代は、キリスト衝動を理解するために、人智学の認識内容を得た。しかし今、ゴルゴタの秘儀の時代よりも、宇宙進化の歩みにより集中した仕方で関わることができているのだろうか。ゴルゴタの秘儀の時代の人びとのほうが、この秘儀が人類の進化に及ぼす影響を、より直接的に知っていたのではないだろうか。

　私たちの時代はゴルゴタの秘儀から遠く隔てられているのですから、人智学的にキリストを理解しようとする私たちにとって、これは心を重くする問いです。人智学的認識の諸原理を真剣に受けとめようとする私たちの心を重くする矛盾のひとつです。この矛盾を解消するには、一世紀初頭の人類の精神的状況を、一度心に思い描いてみる必要があります。

　なんら宗教的な感情を持たずに、一世紀初頭の人間の魂の在りようを研究する人は、非常に独特な発見をするでしょう。その人は、表面的なことにしか興味をもたない人も否定できないような、歴史に残された古い伝統に依拠して、純粋な精神生活を研究します。その研究を通して、人類進化の本来の衝動の或る部分を捉えることが期待できます。まず一世紀初頭の思想生活に依拠して、純粋に歴史的に、ゴルゴタの秘儀の二〇〇年前の人びと、またはゴルゴタの秘儀の一五〇年後の人びとが、宇宙の秘密、宇宙の謎に参入するために、どのように思想を深化させたか、調べるのです。そうすればよく分かるはずですが、ゴルゴタの秘儀の前後数世紀の間に、限りなく重要な変化が人類の思想生活に生じていたのです。数世紀以来のギリシア哲学その他の思想が、その当時の主要な文化世界の大部分で深化されていたのです。ストア派が「賢者」と呼んだ、ローマ史上の数多くの人物たちを考察しますと、こう言わざるをえません。――新しい思想の誕生について言えば、一世紀以降、西洋は、あまり多くのことを達成してこなかった、と。

自然界の諸事象の研究では、西洋は限りなく多くを私たちにもたらしてくれました。西洋は、外的な社会生活の上でも、思想の限りない革命を私たちにもたらしてくれました。しかし、そういう成果をもたらしてくれた思想そのものは、一世紀以降、あまり進化してこなかったのです。人びとが誇りにしている現代思想、例えば進化論の思想に到るまで、そういう思想のすべては、すでに一世紀の当時の人びとの心に生きていました。

思想による世界理解は、当時すでに一定の高みに、頂点に達していました。かつてのソクラテスの弟子のように、個々の思想家と対話を交わしただけでなく、思想が一般の人びとの中にもこの世界理解を普及するようになり、ギリシア、ローマの世界理解は、南ヨーロッパや世界の他の諸地域にまで及びました。そしてその間、思想の深化には、驚嘆すべきものがありました。とらわれぬ態度で哲学史を考察してみると、まさに当時の思想の深化には、強い印象を受けないわけにはいきません。

　一方でこの理念世界の限りなく重要な普及を考察し、他方、今日取り上げようとしている意味でのゴルゴタをめぐるいくつもの秘密に眼を向けますと、さらに別のことにも気がつくのです。すなわち、ゴルゴタの秘儀が当時知られるようになったときの、深化した思想とこの秘儀との間のすさまじい葛藤に、です。

　当時の哲学、特にグノーシス派の深い哲学は、身につけたすべての理念をもってこのゴルゴタの秘儀を理解しようと努めました。人間的な思想がゴルゴタの秘儀を理解しようと必死になって格闘したのです。このことを実感することは、非常に大切です。そして、この格闘は基本的にむなしい結果しかもたらしませんでした。思想の見事なまでの深化をふまえて、人びとはゴルゴタの秘儀を理解しようとあらゆる努力を重ねました。しかし、その努力は成功しませんでした。ゴルゴタの秘儀は、遠くはなれた場所で、霊界に隔てられて、人間の理解を拒否していました。

　愛する皆さん、そこであらかじめ申し上げておきたいのですが、これからの講義でゴルゴタの秘儀について述べるときは、決して何らかの宗教的な伝統に則った信仰を説くつもりはありません。ただ人類進化の根底に存する客観的な事実を、物質的・霊的な観察の結果として申し上げるのです。キリスト教諸派の中に伝えられているゴルゴタの秘儀から離れて、人類の進化の過程で生じた事柄だけに眼を向けようと思います。

そこで、このあとの何日かの間に筋道を立てて申し上げるべき事柄のために、いくつかここでお話ししておかなければならないことがあります。

その第一は、この秘儀の本質が当時の非常に深化した思想上の進歩の背後に隠れて存在していた、ということです。私たちは一世紀初頭の思想世界に沈潜して、ローマ帝国やギリシアの人びとの魂のありよう、その人びとの考えた諸理念を生きいきと想い起こすことができます。そして、その時代に思想がそれまで存在しなかったほどの深まりを示した、という思いを抱きます。その時代に思想上何か大事なことが生じたのです。その思想がこれまでとはまったく違った仕方で、人間の魂に関わってきたのです。

しかし、当時のこの思想の活性化、思想の深まりを、見霊的な立場から考察してみますと、そのとき、ある驚くべきことが見えてくるのです。――遥かな霊界の中に、この思想の深まりの原因を見るのです。

私たちのこの世の世界の背後に別な諸世界がある、ということは、すでに申し上げてきました。私たちの用語を使えば、アストラル界、デヴァハン界、高次のデヴァハン界です。この三つの世界が私たちの世界の背後に存在しています。見霊的に考察しますと、当時の思想の深化の根拠は、アストラル界に入って行っても、まだ完全には見出せません。低次のデヴァハン界に眼を向けても、何が生じたのかを見通すことはできません。高次のデヴァハン界に自分の魂を参入させたとき初めて、他の二つの世界を貫いて輝き、そして物質界にまで働きかけているものが見えてくるのです。

　私たちが物質界に身を置き、物質界だけを考察している限り、ゴルゴタの秘儀を無視することができます。パレスティナで生じたことなど、どうでもいい。外的な出来事にかまっているひまはない、と言うことさえできます。外的な仕方で考察できるのは、ギリシアとローマで限りない思想の深まりが生じたということです。今私たちが、いわば私たちの内なる体験世界の中のひとつの島のように、このギリシアとローマの思想世界を囲い込み、その外で生じたすべてから切り離して、この思想世界の中にはゴルゴタの秘儀について何も情報が伝わってこなかったと考えてみましょう。その場合の私たちは、ゴルゴタの秘儀について知られていることは何も知らずに済ますことでしょう。思想生活のあの限りない深まりを知っていても、です。

　当時のような思想の深まりは、どんな民族にも、どんな時代にも、それまで見られませんでした。ですから、誰かがゴルゴタの秘儀について信じようとせず、何も関心を示さないとしても、ひとつのことは認めざるをえないのです。つまり、今私たちが囲いをめぐらした島の中では、それまで決して存在しなかったほどの思想の深まりを体験していたのです。

　けれども今、この思想世界の中に身を置く人が見霊的な魂の持ち主であったなら、その思想が自立していると思い、そして、こう言ったでしょう――「プラトンその他の人びとの理念となって深化したこの思想が、この島の世界にも入ってきて、魂を自由にする。自分自身についての高められた直観を可能にする。外界の中で、そして霊界の中で、何を掴もうとも、そのことは自分をその世界に依存させるが、思想の中では、自分の中に生き、自分をその中で完全に自由にする。その結果、外なる物質界から引き離されるかもしれない。そして、霊界を信じなくなるかもしれない。見霊者の霊視内容に見向きもしないかもしれない。あるいは、物質界の印象を何も受けつけようとしなくなるかもしれない。そのどの場合にも、自分は自分の中で自由に生きることができる。いわば自分自身の本質を自分の思想の中で掴んでいる」。

私たちはこのことを見てとります。しかし、そのときの私たちは、思想の孤立性を感じてもいます。私たちが見霊的な魂でこのいわば思想の海の中へ入っていくなら、どうしてもそう感じないわけにはいかないのです。思想は魂の中に生きているだけで、自分の存在の根拠を示しているようには思えないのです。思想のすばらしさを感じとると同時に、思想の非現実性をも感じとります。そのときはまた、見霊的な眼で見る霊の世界の中に、この思想を共有できるものがいるとも感じとれないのです。

一体このような思想がそもそもどうして存在しているのでしょうか。思想は物質界を歪曲するだけなのではないでしょうか。まったくの唯物論者は、思想が存在の根源に触れているとは思っていません。ですから、できれば思考を禁止したいはずなのです。

実際、物質界が唯ひとつの現実であるのなら、思想はその現実を歪曲するだけです。唯物論者が首尾一貫していないので、唯物論、一元論という思想を唯一可能な認識論だと思い込み、「思考の自己規制、むしろまったく思考しないこと」にまで行きつかないのです。

しかし、見霊的に思考生活に没頭しますと、魂は、思想の孤立という恐ろしい事態に襲われますが、けれどもそのとき、もうひとつの可能性が見えてきます。もうひとつの可能性が、遥かな霊界に現れるのです。すなわち、思考生活の本来の根源が二つの世界から離れた第三の世界の中にあるという可能性が、です。私たちの時代に見霊的に感じとる魂は、この体験からこの上ない、圧倒的な印象を受けるに違いありません。一度、思考は孤立した状態で、思考が深化できた時間の流れに身を置きます。そのときの私たちは、周囲のすべてから、したがってゴルゴタの秘儀からも眼をそむけて、そしてギリシア＝ローマ世界の思想だけに、こんにちでも私たちが取り組んでいるその思想内容だけに心を向けています。

しかしその状態にあるからこそ、私たちは別の世界に眼を転じることができるのです。そのとき初めて、デヴァハン界を超えた高次の霊界に、星が現れるのです。その星からは光が古代ギリシア＝ローマの思想世界にも力となって射してきます。私たちはまず、現在の世界を忘れて、ギリシア＝ローマの世界に身を移しました。この世界の思想の光は、当時の、つまりゴルゴタの秘儀の生じる以前の他の諸地域にまで及んでいました。けれども、私たちが霊界の印象を自分に作用させますと、ただちにデヴァハン界をさらに超えたところに、星が現れるのです。

私は象徴的に星と呼びましたが、霊的本性が現れるのです。この本性については、こう言えます。――私たちがこの地上で、思想の孤立の中で、一世紀初頭のような思想の深化を体験することができるのは、高次の霊界のこの星から発する輝きの結果なのだ、と。

このようにして、ひとつの感情が心の中に生じます。この感情は、はじめはゴルゴタの秘儀についての歴史的伝承とは何の関係もないのです。むしろ、こう言うことができます。――はじめ私たちはギリシア＝ローマの理念世界と共にあった。プラトンその他の人物たちが人類文化のために寄与した理念世界と共にあり、その中で生きがいを感じていた。しかし、それから私たちは待った。待ち続け、そしてその期待がむなしく裏切られることはなかった。なぜならそのとき、霊的生活の奥深くで、星が現れて、光の力を放射したのだから。私たちが今体験しているのは、この光の力の結果なのだ。

この経験は、なんらかの伝統に従った結果なのではありません。とらわれることのない、自由な立場でギリシア＝ローマ世界に生じたことの根拠を探っただけなのです。しかし、そのときの私たちは、三つの世界を通して、当時の世界の本来の根拠の理解が三つに分かれているという経験をしたのです。

たぶん私たちはそのとき、その当時にあってこの激動を理解しようと試みた人たちのことを知ろうとするでしょう。現代の学問も、一世紀というこの移行期に宗教上、哲学上の天才たちが輩出した、と考えています。その宗教上、哲学上の天才たちを知ろうと思ったら、グノーシス派に眼を向けるのが一番なのです。

グノーシス派のことは、実にさまざまに理解されています。史料的に見ると、非常にわずかなことしか知られていませんが、その史料からでも、グノーシス思想の限りない深さを感じとることができます。私はここでは、この考察にとって重要である限りのことを述べたいと思います。

特に取り上げたいのは、先程申し上げたことをグノーシス派の人びとが感じとっていたということです。グノーシス派の人びとは、当時の外界に生じた事柄の根拠を、はるかに遡る世界の中に求めなければならない、と感じとっていたのです。このグノーシス派の意識は別の人びとにも伝わりました。パウロの神学の中にも、それが現れています。それどころか、他のいろいろな人びとの中にも現れています。

さて、こんにちグノーシス派を研究しようとする人は、大きな困難に出会います。私たちの魂が、これまでの数世紀に生じた唯物論の発展に、非常に毒されているからです。私たちが宇宙の進化を考えると、ついカント＝ラプラスの宇宙の霧という、まったく物質中心の観点に立ってしまいます。より霊的な世界観を求める人たちでさえ、太古の時代のことを考えるときには、この宇宙の霧のようなものを考えてしまいます。こんにちのもっとも精神性の高い人でも、宇宙進化の初めに霊的な働きを前提にしないで済むと、ほっとするのです。そういう人たちは、宇宙の根源を探求するとき、そこにあらかじめ精妙な物質成分があって、そこから物質と並んですべての霊的なものも進化してきた、と言えるほうが楽に考えられると思っています。

宇宙の発端を物質中心に探求して、なんらかのガス体というような、極めて抽象的な諸概念を宇宙の発端に適用できたとき、問題が解決できたと思って安心するのです。そういう人がグノーシス派の思想に心を同調させることは困難です。なぜなら、グノーシス派は、物質をなんらかの仕方で想起させるようなものを宇宙考察の出発点からいっさい排除しているのですから。現代文化の只中にいる思想家なら、たぶんひそかな微笑を禁じえないでしょう。もしもその人がグノーシス派の意味でこの世界を考えるように求められたなら、です。自分が今生きている世界、ダーウィン主義が見事に解明してくれた世界、その世界が宇宙の根源とはまったく関わりがない、とグノーシス派は主張しているのですから。宇宙の根源は、そもそも宇宙理解に役立つ諸概念の及びもつかないところにある、とグノーシス派は主張するのです。

宇宙の根源といえるものは、父なる神の中にあって、いわば万象はそこから出発しているのです。そして、この父なる神の傍らには沈黙が支配しているのです。魂は、すべての物質的な観念を放棄して、より深みを求めるとき初めて、この無限の沈黙に出会えます。この沈黙においては、時間も空間もまだ存在せず、沈黙だけが支配しているのです。

グノーシス派の人は宇宙の父と、時間、空間以前の沈黙とを仰ぎ見ました。そして父なる神と沈黙との結婚から別の存在たちが現れるのを見ました。この別のものは、諸宇宙とも諸本性とも呼ぶことができます。そして、さらにこれから別のものが次々に現れて、三〇の段階にまで到ります。そして三〇番目の段階になって初めて、私たちの感覚の対象となるものが現れるのです。それは、ダーウィン主義が近代的な感覚に従って見事に説明しているような対象世界です。

この世界は三〇番目の段階の上に立っていますから、三一番目に当たります。宇宙とも本性とも呼べる三〇の本性がこの世界に先行して存在しているのです。私たちの世界に先行する三〇の本性もしくは宇宙を、グノーシス派はアイオンと呼んでいます。

このアイオンの世界を理解するには、私たちの感覚的知覚の対象である世界だけでなく、肉身の私たち自身もこの三一番目の世界に属していることを知らなければなりません。外界は幻影（マーヤー）にすぎないが、われわれは思考によって霊界に参入することができる、という言い方で、霊的な世界観を主張するのは、まだ楽です。人はそう言うことで、この思考が実際に霊界に達することができるという希望をもっていますが、こういう考え方そのものが、グノーシス派から見れば、三一番目のアイオンである物質界に属しているのです。ですから感覚的に知覚する人だけでなく、思考する人も、三〇のアイオンから引き離されてしまっているのです。この三〇のアイオンの認識は、霊的な進歩を通して、段階的に直観していくことによって可能になるのです。

三〇の世界、三〇のアイオンが現在の世界に先行しており、その三〇の世界では現在の思考力とはまったく異なる力が働いていたのだ、だからこのことを信じなさい、と言われたら、こんにちの高い教養をもった一元論者は皮肉な微笑を浮かべるしかないでしょう。しかしグノーシス派の人びとは、本当にそう考えていました。

私たちも、二〇世紀初頭の意味での世界観からしばらく離れようと思います。これから申し上げることが、私たちにとって確信を与えてくれるような理念世界なのだというのではなく、――二〇世紀の人智学はグノーシス派の立場からさらに先へ進んでいなければいけないでしょうけれども――私たちは今、このグノーシス派に身を置いてみようと思うのです。

私たちの思考の対象でもあるこの地上の世界は、なぜ三〇のアイオンから隔離されているのでしょうか。

グノーシス派の人は言います。――もっとも低次の霊界、純粋な霊界ではないその霊界に眼を向けると、そこには神的ソフィア、神的叡智が存在している、と。このソフィアは、二九のアイオンを遡って、原初の、至高のアイオンを見ようとしました。しかし、ある日、ある宇宙日、ソフィアが悟ったのは、アイオンという霊界のすべてを自由に展望するには、自分を浄化しなければならない、ということでした。ですから、ソフィアは自分の中に存在していた欲望を自分の中から排除しました。そして、神的ソフィアの中に欲望が存在しなくなると、その欲望は空間世界の中にさまよい出ました。欲望が空間世界のすべての生成の中に浸透していきました。欲望は感覚的知覚の中ばかりではなく、思考の中にも生き始めました。そしてそれと共に、霊界へ戻りたいという憧れも生じて、人間の魂の中にしっかりと住みつきました。いわばすべての中に投げ込まれ、世界に浸透した欲望が、神的ソフィアの似姿となって、外に映し出された似姿となって生き始めたのです。それがアカモドなのです。

しかしアカモドは、霊界へ高まるのではなく、自分の世界の内部で欲望となって渦巻いています。それが欲望の渦巻く世界なので、その中ではアイオンの世界を展望することができないのです。グノーシス派は、アイオンの世界の遠い、遠い昔に、アイオンの純粋な霊性から生まれた父なる神の子を、そして純粋な聖霊を見ていました。この父なる神の子や聖霊の系譜と神的ソフィアの系譜とは異なるのです。物質生活の生殖のいとなみが両性に分かれているように、アイオンの系列においても、霊界の高次の段階で、別の流れが、父に由来する子の霊の流れと聖霊の流れとから分かれたのです。ですから、アイオンの世界では、一方では神的ソフィアに通じる流れがあり、他方では、子の霊と聖霊とに通じる流れがあるのです。

　私たちがアイオンを遡っていきますと、ひとつのアイオンに行きつきます。そのアイオンから父の系列が生じました。この系列は、一方では神的ソフィアに到り、他方では神の子と聖霊とに到りました。こうして私たちは父なる神と神的沈黙にまで到ります。

　さて、人間の魂がアカモドと共に物質界に移されたことによって、この人間の魂の中にグノーシス派の意味で「霊界への憧れ」が生じます。この魂の中には、何よりも神的ソフィアへの、神的叡智への憧れが生きています。けれども人間の魂は、アカモドに満たされているので、神的叡智から分け隔てられています。神的アイオン界から隔てられているという感情、神的＝霊的なものの中にいるのではないという感情は、グノーシス派の立場に従えば、物質界にとじこめられているという感情に変わります。

　さて、神的＝霊的な世界からアカモドと結びついて、宇宙建造者、ギリシア語のデミウルゴスが現れます。このデミウルゴスと呼ばれる宇宙建造者は、アカモドと物質とに浸透されているものの本来の創造者であり、保持者なのです。人間の魂は彼の世界に組み込まれています。人間の魂は神的ソフィアへの憧れとひとつに結ばれています。

　アイオンの世界に神的＝霊的に、遠く離れて、神の子と聖霊が現れます。しかしグノーシス派によれば、空間の中に漂う欲望に浸透されたすべてを超えている者だけに現れるのです。

アカモドの世界に移された魂の中に、なぜ憧れが生じるのでしょうか。神的＝霊的な世界から分離したあとで、なぜ神的＝霊的な世界に憧れるのでしょうか。

グノーシス派はそう問い、そしてこう言いました。――アカモドは神的叡智である神的ソフィアから生み出された。アカモドが人間の生きているまったく物質的なこの世界になる以前に、かつて神の子から一条の光がこの物質界に射した。そして、すぐに消えてしまった、と。

今、人間の魂の中に生きているアカモドには、太古の時代に一度神の光が現れたのだが、その光はすぐにまた消えてしまったというのは、グノーシス派の重要な考え方のひとつです。この光への思い出は、今人間の魂がどれほど物質界の中に深く組み込まれてしまったとしても、この魂の中に今でも生きているというのです。――「私はアカモドの世界である物質界に生きている。私は物質の莢《さや》につつまれて生きている。しかし、自分の内面に沈潜すると、内面から思い出が現れる。私を物質界に拘束しているもの自身が神的ソフィア、神的叡智に憧れているのだ。なぜなら、私の中で生きているアカモドの本性がかつて一度、アイオンの中に生きる神の子の光を受けたのだから」――そう言うのです。

グノーシス派の弟子の心に生きているこの思いを、よく考えてみる必要があります。かつてこういう魂たちがいました。単なる仮定ではなく、実際にいたのです。洞察力のある歴史家なら、外的な史料を通してでも、今問題にしている時代にこういう魂たちがいた、と思うはずです。

今述べたことに対して、現代人の多くは反感をもっています。なぜでしょうか。その理由をはっきりさせておくのも無駄ではないでしょう。現代の有能な学者はグノーシスについてどう言っているでしょうか。すでに申し上げたように、パウロの神学についてさえ、それがユダヤ教的、律法学的な思弁にすぎない、合理的に考えるものにとっては煩瑣すぎる、と言うのです。ですから、何百年も前のグノーシスの霊たちとか三〇のアイオンとかについては、かまっていられない、と思うのは当然です。まるでグノーシスを人類の幼児期のたわごとのように受けとるのです。

しかし、私たちは注意深く、この優雅なグノーシスのたわごとに眼を向けようとしているのですが、こういう現代人のものの考え方に対して、説得を試みようとしても容易ではありませんが、ただこう言うことはできるでしょう――「今グノーシス派の誰かがあなたの前に立っていたなら、自分の見解をこう述べたに違いない。――あなたがあなたたちの進化論やエネルギー論に誇りをもち、それを自慢にしていることはよく分かった。しかし、あなたがそういう考え方をするのは、あなたが粗野で単純で素朴になってしまった結果にすぎない。あなたは抽象的な概念を組み立てて、あなたの霧の中で満足している。そして進化、エネルギーといえば、何かが説明できたと思っている。けれども、あなたの世界を超えた三〇の段階に参入するための繊細で霊的ないとなみに眼を向けることができずにいる」。
愛する皆さん、今日、冒頭で申し上げた対立がこうしてもっと鮮明になります。一方には私たちの時代のまったく粗野で素朴な概念群があり、もう一方にはグノーシスがあります。これまで述べてきたように、グノーシス派は三〇のアイオンという限りなく複雑な諸概念を用いて、進化の中に神の子と聖霊を見出し、魂の中に神的ソフィアと神の子と聖霊への憧れを見出したのです。

そこで私たちは考えます。こんにちの私たちが進化論とエネルギー論をここまで発展させることができたのは、当時のギリシア＝ローマの世界で思想を深化させた結果なのではないだろうか、と。現代人にとってまったく共感のもてないグノーシスの複雑な諸概念は私たちにとってまったく異質なものなのでしょうか。これは本当に途方もなく大きな対立なのでしょうか。そうなのです。私たちの心を重くするこの矛盾は、その当時のことをふり返って見るとき、ますます大きくなるのです。その当時、人びとはギリシア、ローマの人びとの思想に親しみ、すでに述べた星の世界に眼を向けました。そのギリシア思想のいたるところに、グノーシス派の思想が生きています。けれども私たちが人智学の立場から見ますと、三つの世界によって隔てられているあの星の意味するところを、そして人類の進化の歴史を、グノーシス派の人々が本当に理解していたとは思えないのです。私たちの問題を解明してくれて、こんにちの見霊的な魂に光をもたらしてくれるとは思えないのです。

今日私は、以上の考察の中で、何かを解明しようとしたのではありません。以上で述べたことは、解明ではなく、皆さんの中に、矛盾に矛盾を積み重ねて、ただひとつ星の知覚というオカルト上の経験だけを提示したのです。このことを感じていただけたなら、今日の話が分かっていただけたことになります。一世紀初頭に、人間の理解のはるかに及ばぬ、大切なことが世界に現れたこと、紀元一世紀初頭がひとつの大きな謎であること、このことを感じていただけたなら、うれしいのです。人類の進化の過程で、当時、ギリシア＝ローマ世界で、思想の深化もしくは思想の発見といえる何かが生じたのですが、その生じたことの根本原因は、深い謎の中にあるのです。ですから、私たちはこれから、物質的＝感覚的世界の幻影の中に現れたギリシア＝ローマ思想の深まりを、隠された世界の中に求めなければならないのですが、そこに生じたことを理念、説明としてではなく、ひとつの謎として今日は提示しました。明晩、この続きをお話しいたします。

第二講

一九一三年一二月二九日

昨日の考察をもう一度思い出してみると、次のようにまとめることができます。――西暦一世紀初頭の時代は、みずからの叡智を傾けてゴルゴタの秘儀を理解しようと努力し続けたけれども、どうにもならない障壁にぶつかってしまった、と。

今、もう一度この事実に眼を向けなければなりません。ゴルゴタの秘儀によって生じた事柄が当時どうしても理解できなかったのですが、このことが分からないと、数世紀後の重要な事実に照明を当てることができなくなるからです。すなわち、グラールの理念が生じたという事実に、です。この理念との関連で、今、若干つけ加えておかなければならないことがあるのです。

一世紀初頭の時代のもっとも重要な方向であるグノーシスの叡智に眼を向けますと、昨日述べた意味で、一方ではグノーシスの考えがどれほど深く本質に迫っていたか、神の子を壮大な宇宙像の中に組み入れるのにどんなにすばらしく天才的であったかが見えてきます。けれどもこのゴルゴタの秘儀について、こんにち、霊的な年代記から見つけ出すことのできた事柄に眼を向けるとき、グノーシスの概念、理念では何も正しい理解をもつことができない、と言わざるをえないのです。

グノーシス派の人たちがナザレのイエスの中のキリストについてもっていたイメージに眼を向けますと、このことがはっきり見てとれるのです。グノーシス派の中には、こう語ることのできた人たちもいました――「そうだ、このキリストの本性は、一切の地上的なものを超えた、霊界に根ざした本性なのだ。こういう本性は、特定の時期に、ナザレのイエスのような人体の中に滞在できるだけである」。

そう述べるグノーシス派の人たちは、私たちがこんにち繰り返して強調しなければならない事柄を的確に捉えていました。すなわち、キリストの本性が三年の間だけナザレのイエスのからだに宿った、ということを理解していたのです。けれども、そのキリスト本性がナザレのイエスのからだの中で生きていたときの在り方は、正しく理解されていませんでした。

なぜなら、第一に、ナザレのイエスのからだそのものの秘密がグノーシス派には明らかではなかったのですから。グノーシス派は、このからだにツァラトゥストラの自我が住んでいること、ナザレのイエスの三つのからだがひとつに結びつくことで、これまで地上では決して受肉したことのなかった人間性のひとつの実体を現すようになったことを知らずにいたのです。グノーシス派は二人の少年イエスとキリストとの関係全体を洞察していませんでした。ですから、自分自身の発言にはいつも不満足でした。少くとも、ナザレのイエスのからだに一時キリストが留まっていたことについての発言は、だから信奉者たちの心を満たさなくなったのです。

イエスの誕生という人類の進化にとって最も重要な秘儀についても、グノーシス派は自分たちのやり方で取り上げ、地上でのキリストの出現が肉による受胎の過程と結びついていたことは分かっていましたが、ナザレのイエスの母親がイエス・キリストの誕生にどんな関わりをもっていたのかを首尾一貫して述べることはできませんでした。首尾一貫して述べた人たちもいましたが、その人たちはあまり理解されなかったのです。

またグノーシス派の中には、今述べた理解の困難さから、キリストの地上出現を否定する人たちもいました。その人たちは、ゴルゴタでの死の前もあとも、仮のからだだけが地上を歩き廻っていたのであり、その仮のからだ、つまりアストラル体でそこここに姿を現したが、肉体を現したのではなかった、と考えました。キリストがどのようにして肉体と結びつくことができたのか、そのことを考えるのは難しかったので、キリストはそもそも肉体などと結びついたことはなかった、と言ったのです。キリストが肉のからだで地上を歩き廻ったと思うのは幻想だというのです。グノーシス派は地上での人類最大の問題を自分の概念、理念で処理しようと努めたのですが、しかしグノーシス派の概念、理念では十分ではなかったのです。現実と向き合ったとき、無力だったのです。

　ここでパウロが問題を処理しようと試みたときのやり方についても述べておこうと思いますが、しかしはじめに、こういう誤解が必然的に現れた理由を明らかにしておく必要があります。霊学研究に際して一連の疑問を提示し、それに答えようとするとき、まず最初に、いわば抽象的な仕方で、問題の所在を明らかにしておかなければなりませんから。

　例えば、こう問うことができます。――イエス・キリストの時代がキリストの本性を理解できなかったのなら、他の時代ならキリストを理解できたというのだろうか。

　さまざまな時代の人間の魂の中へ立ち入ってみるなら、もちろん霊的な立場に立ってですが、そのとき奇妙な結果に到ります。はじめに太古のインド文化期の偉大な師たちの魂の中に身を置くなら、たびたび申し上げたように、聖なるインドの聖仙《リシ》たちの包括的で深遠な叡智に驚嘆せざるをえません。あの時代の偉大な師たちの魂の中に見出せる宇宙の秘密は、後代の叡智認識には失われてしまったのです。しかし、見霊的な意識でこの偉大な師の魂の中に身を置くなら、こう言わざるをえません。――もしもキリストの本性がその当時、聖仙たちの中に現れたのだとしたら、聖仙たちの叡智は、キリストの本質を十分に理解できたであろう、と。

　そのときには問題なしに、キリストの本質が分かったでしょう。こういう重要な事柄は、抽象的な言葉で語ることができませんので、イメージで申し上げようと思います。

第一後アトランティス期の聖仙たちが宇宙を貫くロゴスの叡智の輝きを或る人間の中に見てとったなら、そのロゴスの前で供犠《くぎ》の香をたき、人間界に働きかける神的存在を認めたことの証《あか》しとしたでしょう。しかし、その当時だったら、キリスト本性はふさわしい身体を見出せなかったでしょう。その理由はあとで申し上げますが、理解のためのすべての手段がととのっていた時代に、キリスト本性は出現できなかったのです。

さらに時代をくだって、ツァラトゥストラ文化期の魂の中に入っていくなら、こう言うことができます――「太古のインド文化期の高次の手段を、ツァラトゥストラ文化期の魂たちは、もはやもっていなかった。けれども、太陽霊が人間のからだの中で生きようと決意したことは理解したであろう」と。こういう事実に太陽霊が関わっていることは理解できたでしょう。ふたたびイメージで語るなら、こうも言えます――「ツァラトゥストラの弟子たちは人間の中の太陽霊を、光り輝く黄金という叡智のシンボルで祝ったであろう」と。

しかし、エジプト＝カルデア文化期になりますと、イエス・キリストを理解する可能性は見出せなかったでしょう。まだ第四文化期のギリシア＝ラテン期ほどではなかったでしょうけれども。第四文化期においては、グノーシス派といえども、イエス・キリストの出現を理解することはできなかったのです。ひとつの星が霊界の高みから現れて、ひとりの人間となって生まれたということは理解できたでしょう。ですから、地上以外の領域から神的＝霊的な存在がこの世に生を享《う》けたことなら、よく理解できたでしょう。そして、没薬《もつやく》を捧げて祝ったでしょう。聖書における東方からの三博士の魂の中に身を置いてみて下さい。第三後アトランティス文化期の叡智の担い手の魂の中に身を置くなら、この三博士が少くともイエスの誕生に立ち会ったことによって或る種の理解をもっていたことが分かります。このことは聖書自身が述べています。とはいえ、その場合にも或ることに気づかされるのです。こんにち、ごく少数の人がそのことを問題にするだけなのですが、聖書はこの三博士に対して奇妙な態度をとっているのです。なぜなら、この三博士は、すでに誕生に際して、何事が生じたのかを理解していた、と聖書は私たちに言おうとしているのではないでしょうか。しかし、もしもそうなら、こういう疑問が生じます。――この三博士はその後、どこにいたのだろうか。彼らの叡智から何かが現れたのだろうか。キリストの出現を理解する上で、東方からのこの三博士は何かを教えてくれたのだろうか。

すでに言いましたように、問いとして提示するだけなのですが、これも聖書から受ける数多くの疑問のひとつです。しかしこの問いは、一九世紀の学者ぶった聖書批判のすべてよりも、もっと大切な問いのひとつです。

そして、第四後アトランティス期に到りますと、ひとつのことがまず言えます。今やキリスト本性が受肉することのできるからだがそこにあったということが、です。このからだは、第一、第二、第三後アトランティス期にはまだ存在できませんでした。けれども、ふさわしいからだが存在できたとき、生じるべき事柄を理解し、把握する可能性がなくなっていたのです。これは奇妙なことではないでしょうか。実際、キリストを理解するのにもっともふさわしくない時代に、キリストが地上に出現したのです。そして、それに続く諸時代に眼を向け、特にイエス・キリストの本性を理解するためにその後の諸世紀に生じた試みを見てみると、きりのない神学論議ばかりなのです。そして最後に、中世になって知識と信仰とがはっきり二つに分かれてしまうのです。

　言い換えると、イエス・キリストの本質を理解することを、人びとは完全にあきらめたのです。近世になると、キリストの出現に対しては、こんにちに到るまで、まったく理解できなくなってしまいました。だから、奇妙なことなのです。キリストはもっとも理解されがたい時代を選んでこの世に生まれてきたのです。地上で人間の魂がキリストを理解するということ、そのことが、人類の進化にとって大切なことだというなら、悲しむべき結果に終わったことになってしまいます。

　そういう言い方は極端だ、と言うかもしれません。しかし、誤解をさけるためにも、こう言わざるをえないのです。——キリストの出現と結びついた神学的＝精神的な発展を霊学の観点から見てみると、まるで神学研究がキリストの本性を理解させないように妨害ばかりしてきたとしか思えなくなります。神学はますますキリスト本性の理解から離れたがっているかのようなのです。極端な言い方かもしれませんが、この極端な言い方の真意を汲みとってくれる人は、この言葉の深刻な意味に気づいてくれると思います。

さて、いま述べた謎を解明するのは、そもそも容易なことではありません。愛する人智学の友人たち、私は皆さんに告白しますが、今まで私は霊学研究の可能なあらゆる道を通って、この謎に迫ろうとしてきました。時間が足りませんから、その可能な道のすべてをここで取り上げることはできません。けれども、その道のひとつだけは今日取り上げたいのです。それは一世紀初頭の頃、精神生活上の特異な現象によって示された道です。すなわちシビラの生き方によってです。

シビラたちはこの上なく独自の予言者的性格をもっています。シビラという言葉が何語に由来するものなのか、学問は正確に伝えてはくれません。外的な史料によってかなり詳しくシビラのことが知られていますが、それによりますと、シビラの存在は、その始まりにおいてすでに極めて特異な現れ方をしています。前八世紀の頃からイオニア地方のエリュトレアが最初のシビラの土地でした。この地でいわば最初のシビラたちが極めてさまざまな予言を行っていました。シビラの予言が人間本性の、そして魂のいとなみの深層から取り出されたものであることは、資料上からも知ることができます。シビラたちは、まるで魂の混沌とした地下深くからしぼり出すようにして、あれこれの民族の地上生活の未来について言うべき事柄を語ったのです。たいていは恐ろしいことを、時には良きことを語りました。秩序だった思考から離れて、いわば魂の地下の混沌から語り出される予言の言葉が、どのシビラからも聞かれました。今、霊学の手段を用いてあとから検証してみると、シビラが見霊的な狂信状態で人びとの前に立ち、そして、言うべきことを人びとに押しつけていることが分かります。シビラは、ギリシアのピュイア（デルポイの巫女）の予言のように、問われるまで待っているのではなく、前へ出てきて、民衆を集めて、そして人びとに民族、時代についてのシビラの発言をひたすら受けとらせたのです。

こういうシビラがイオニアに現れたことは特異な現象だ、と申し上げました。なぜならイオニアでギリシア哲学が始まったのですから。ギリシア哲学の叡智は、ターレス、アリストテレスからローマ時代に到るまで、人間のまったく秩序づけられた魂のいとなみから生じました。混沌を排して、明瞭な、光に充ちた概念によって達成されるものを、魂のいとなみの中から取り出そうとするのです。

明晰なる、光に充ちた哲学はイオニアに始まるのです。そしてプラトンにおいて、天上的なものをも受けとったのです。ですから、シビラの霊的所産はイオニア哲学の陰のように見えます。この所産は魂の混沌から生じて、時には光に充ちて、その予言は実現しました。しかし、時には予言を成就させるために、信者たちが予言の言葉を歪曲したりもしました。

こうして第四文化期の叡智の影のように、シビラ主義がギリシア全土からイタリアにまで拡がっていきました。あらゆる種類のシビラについての報告がなされています。こうしてゴルゴタの秘儀の時代に到りました。シビラ主義は、ローマの詩人たちにも影響を及ぼし、ヴェルギリウスの詩にもその影響が見られるのです。霊性の高い人びとも、シビラの予言に耳を傾けて、人生を形成しようとしたのです。

いわゆるシビラの書を見ますと、シビラの予言がどれほど大きな影響を及ぼしていたかが分かります。外的な社会においても、シビラの霊性に充ちた予言と並んで、まったくのたわごとも見られました。さらに、このシビラ主義はキリスト教にも影響を及ぼしました。そのことはケラノのトマスの歌の中からも響いてきます。

おお怒りの日よ！
ダビデもシビラも言うように
その日この世は無に帰する！

このようにキリスト教が普及していった時代に到るまで、いろいろな人物がシビラの予言に注目していたのです。特に破滅と新しい世界秩序の到来とに関する予言に注目したのです。何世紀も何世紀も、第四後アトランティス期全体どころか、若干ではあっても第五後アトランティス期に入ってまで、シビラの影響は及んだのです。

現代の合理主義に支配されている人だけは、こういう事柄に注意しようとはしないでしょうし、キリスト教が普及した地域でシビラ主義がどれほど深刻な影響を及ぼしたか理解することもできないでしょう。しばしば述べたように、こんにちの歴史、特に精神史は、多くの点でお伽噺にすぎません。人が考える以上に、民衆の広範囲な層の考え方の中には、ずっと後の世紀に到るまで、シビラの影響が支配していたのです。

シビラの世界は、第四後アトランティス期における特別謎めいた現象だったのです。一体、シビラの魂の中には何が働いていたのでしょうか。こんにちの唯物主義的な精神文化の層に覆われているものの中から、私たちの霊的探求によって、こういう事柄を取り出すことが必要なのです。私たちの時代は、霊的探求の手段を用いて、こういう事柄をそのまま受けとるのではなく、それを新たに生かそうとしなければならないのです。忘れてはならないのは、それほど遠くない時代まで、人びとはシビラ主義の本質を、現代の人びとのように忘れてはいませんでした。そして、私たちはシビラ主義の意味を伝える貴重な記録をもっているのです。たぶん私たちはいつもこの記録を、シビラの重要性との関係で見ているわけではありませんが、そういう資料が存在して、人びとに考慮を求めているのです。

すなわち、ミケランジェロの重要な作品の中にそれがあるのです。システィーナ礼拝堂の重要な画面の中には、地球と人類の進歩が表現されているだけではなく、預言者とシビラも表現されています。これらの画面を見るときは、ミケランジェロがシビラたちをどう描いているか、特にシビラと預言者をどう対比させているか、よく観察しなければなりません。実際、捉われずによく観察すると、この対比の中には、私たちが霊学によって認識する第四文化期という、ゴルゴタの秘儀の生じた時代の秘密の何かが描かれているのです。

まず芸術的に驚嘆すべき預言者の表現を見てみましょう。ザカリア、ヨエル、イザヤ、エゼキエル、ダニエル、エレミア、ヨナです。そして、この預言者の系列にシビラが加わります。ペルシアのシビラ、デルポイのシビラ、エリュトレアのシビラ、リビアのシビラ、クマナのシビラです。

預言者たちを見ますと、そのほとんどすべては、多かれ少なかれエレミア像に示されている性格が見てとれます。特にザカリアにそれが明らかです。沈思にふける人物です。多くの像は書物か何かに没頭して、静かで落ち着いた魂が読んだり、経験したりしています。その魂の平静さはこれら預言者の表情にも現れています。ダニエルだけはやや例外的に見えますが、それは外見上のことにすぎません。少年の背中に支えられた書物の前に立っているダニエルは、手に筆をもち、読んだ内容を別の書物に書き写そうとしています。世界の秘密を受容し、それを書き留めるその過程を暗示しているようですが、他の預言者たちはひたすら平静な魂を保って、世界の秘密に没頭しています。これらの預言者は超地上的なものに没頭し、魂は霊的なものの中に沈潜し、人類の霊的な由来を探求しようとしているのです。預言者たちの思いは周囲の世界から抜け出て、情念、狂信から、そして情念、狂信に由来する脱魂状態から超越しています。人びとの見ている世界を超えているだけでなく、自分の地上の体験をも超えているのです。これがミケランジェロの描く預言者像の偉大さです。

　では、シビラ像の表現に眼を向けてみましょう。預言者エレミアの傍にいるペルシアのシビラは、エレミアの落ち着いた態度と著しい対照をなしています。まるでたった今経験したことを人類に知ってもらおうとしているように手をあげています。演説家のよくやるような仕草で、言うべきことをあらゆる手立てを使って納得させようとしているかのようです。狂信的な情熱の力で全人類を納得させるために、大切な内容を雄弁な手の中に流し込もうとしているかのようです。

　エリュトレアのシビラに眼を向けますと、地の元素の秘密を人間のものにしようとしているかのようです。彼女はランプを頭の上に置いています。裸の少年が松明《たいまつ》でランプに火をともします。無意識的な魂のあらゆる力を使って人間の情念に予言内容を植え込もうとすることをこれ以上はっきりと表現することができるでしょうか。一方、預言者たちの魂は永遠なるものに没頭しています。シビラたちは地上的なものが霊的＝魂的なものを開示する限りで、一切の地上的なものに心を奪われています。

デルポイのシビラは髪を風になびかせ、その風が青いヴェールにも吹き、伝えるべき事柄を風の元素に負っていることを特別見事に描いています。シビラの髪やヴェールに吹く風の中に、地がこのシビラの口を通して開示しようとしたことが力強く描かれています。

次いで、クマナのシビラを見て下さい。彼女は半ば開いた口で舌たらずに語っています。無意識から出た予言がどもりどもり語られているようです。

リビアのシビラは振り返って急いで何かをつかもうとしています。秘密が記されているような何かを、です。そんな印象を受けます。いわば、これらのシビラのすべてが直接地の元素に帰依しているのです。

概念、理念に仕える後代におけるよりも、言うべきことをはるかによく、絵画や芸術によって表現することのできたこの時代には、多くのことがこのような記録に託されたのです。

一体、このシビラたちはどんな本性の持ち主だったのでしょうか。彼女たちはそもそも何者なのでしょうか。彼女らの予言にはどんな意味があるのでしょうか。これらシビラの魂の中に働いているものを探求しようとするなら、人類進化の秘密の中に深く立ち入らなければなりません。

この目的のために、もう一度、問いかけてみましょう。――なぜ古代インドの聖仙《リシ》たちは、私たちにはほとんど想像を絶するほどの叡智で、イエス・キリストを理解することができたのでしょうか。

通俗的な説明になりますが、聖仙たちは第四後アトランティス文化期の人には持てなかった必要な叡智と概念を持っていたからなのです。グノーシス派も反グノーシス派も、いわゆる初代教父たちも虚しく渇望していた叡智を、聖仙たちは所有していたのです。しかし、それはどのような叡智だったのでしょうか。その叡智は、プラトンやアリストテレスが努力して獲得したような思索の所産だったのではなく、圧倒的な勢いで内部から湧き起こってくる霊感だったのです。聖仙たちのアストラル体は、宇宙から流れてきたものに捉えられました。そしてその結果、イエス・キリストの本性を意識して把握できるほどの諸概念が持てたのです。それは、いわば宇宙から人間に与えられた叡智だったのです。人間はそれを努力して獲得したのではありません。アストラル体の深みから、いわば噴出してきたのです。聖仙たちやその弟子たちのアストラル体から、見事にはっきりと現れたのです。基本的には第一後アトランティス文化期に属する古インド文化全体のアストラル体から噴出したのです。そしてそのような噴出は、時代が下ると共にますます見られなくなってしまいましたが、それでも第二、第三文化期にも見られました。そして、その名残りは第四後アトランティス文化期にまで及びました。

しかし、第四後アトランティス期にはどのような名残りがあったのでしょうか。第三後アトランティス文化期の場合を見てみますと、少くとも時代の高みにまで上っていった人びとは――そして、その当時は教養ある人びとの数はこんにちよりもはるかに多かったのです――、地上外のもの、つまり星空として象徴されていたものとの関連をよく理解していたことが分かります。その人たちは星々の動きから宇宙存在の秘密を読みとることができました。

第三後アトランティス期にイエス・キリストが地上に出現したなら、人びとは星の文字からイエス・キリストの現出を読みとることができたでしょう。けれども、人類の進化との関連でこれまでしばしば言及してきたように、宇宙の秘密を生きたイメージを通して知るアストラル体の能力は、ますます退化していきました。こういうイメージはますます混沌としていき、こういう仕方で人間の魂の中に流れてくるものが宇宙の秘密を知る手立てにはならなくなったのです。まったくならなくなったと言うつもりはありませんが、ますますそうならなくなっていったのです。

こうして二つの事情が生じました。一方でプラトンやアリストテレスの概念世界、理念界が、篩《ふるい》にかけられた霊界のようなものになりました。その霊界は霊を担っているというよりは、自我によって直接把握され、探求された結果、もはやアストラル体の深みから生じるものではなくなったのです。実際、ギリシア哲学の本質は、初めて自我が自分の能力によって霊を表現したことにあるのです。自我によって把握された霊は、まったく透明な、けれども本来の霊のいとなみから遠く離れた概念によって表現されています。とはいえ、古代ギリシアの哲学者は、近代の哲学者たちとは異なり、思想が霊界に由来するものであることを感じていました。一方、近代の哲学者は懐疑主義にならざるをえませんでした。なぜなら、もはや自分の思想と宇宙の秘密との間に生きいきとした関連があるとは感じられなくなってしまったからです。「私の考えていることは、私の中の宇宙霊が考えていることである」とは言えなくなってしまったのです。

私が『霊界の境域』で述べようとしたように、思考への信頼をもつためには、少しでも瞑想するのでなければなりません。ギリシアの哲学者たちは、自分の思想を宇宙霊そのものの思想であると思っていたので、概念や理念を構成することに、まったく信頼をもつことができました。ですから、ギリシア哲学が人類にもたらした思想は、いわば宇宙霊の外皮だったのですが、まだ宇宙霊の生きたいとなみに貫かれた皮膚であり続けました。このことを人は感じとっていました。

古代から存続してきた第二の事情があります。それは、先祖返り的な遺伝的能力に関わる事情です。その成果は、もっとも明らかな形で、シビラの予言の中に残っています。シビラは、第二、第三後アトランティス期を通して調和的な仕方で作用してきた人間の魂の働きを、第四後アトランティス期に混乱した仕方で復活させたのです。シビラは、霊界を混沌とした形で見ることができたのです。

今私たちは、たぶん私たちの問題との関連で許されるであろう仮定の質問をしてみます。——もしもキリストが、そしてまたギリシア哲学者が現れなかったとしたら、西洋の精神生活はどうなっていただろうか。

そのとき、第四後アトランティス期に達した人類は、シビラ主義という人類の遺産で生きていかなければならなかったでしょう。考えてみて下さい。西洋がキリスト衝動もなく、哲学も科学もないままに進んでいったなら、シビラの魂の中に生じた精神上の混沌が西洋をおおいつくさなければならなかったでしょう。しかし、霊界に由来する力そのものはあとまで残りますから、そして私たちが霊学の手段でこの根元的な力を、地球の周囲に生きている霊的本性たちが風、水、火としてあらわしているその根元的な力を吟味し、この力が人間の魂の中に根づいているかどうかを吟味し、そして特に、風、火、水、地の霊たちが人間の魂を手に入れたときの力を吟味してみるなら、第一、第二、第三後アトランティス期に存在した古い調和と秩序が失われ、それにもかかわらず、まだ力が人間の魂の中に残っていたことに思いをいたすことができるでしょう。

人間の魂は、宇宙の偉大な諸現象との関連を自分の魂の中に見出せなくなってしまいましたが、しかし風の霊、火の霊などと、特に偉大な宇宙関連から引き離されているすべての幽霊、悪霊たちとの関連を保ち続けたことでしょう。そして、四大霊たちの暴力に完全にとりこまれてしまったことでしょう。人びとの教師は、シビラ風の教師になったことでしょう。そして四大霊の力が非常に強く、終末の日に到るまで、地上に留まり続けたことでしょう。

なぜ、そのようなことにならなかったのでしょうか。シビラの中に生きているこの力を次第に弱めてくれたのは、一体誰だったのでしょうか。ゴルゴタの秘儀を通して地球のオーラの中に流出したキリストが人間たちの魂の中からシビラの力を取り去ってくれたのです。

霊学の観点に立つと、人間の叡智ではキリスト衝動をあまり理解できないという、奇妙な事実が見えてきます。人間の概念、理念ではキリストを理解できないのです。しかし、キリスト衝動に関しては、教えを広めることが大切なのではありません。ゴルゴタの秘儀から直接の衝動が流出したということが大切なのです。このことは教えなのではありません。教えそのものではなく、人間の魂のために生じた事実が大切なのです。今日は、地球のオーラの中に流出したキリストとシビラ主義との戦いという事実を皆さん、人智学の友人たちにお伝えしたかったのです。

実際、キリストは裁判官の役を果たさなければなりませんでした。キリストが復活後まもなく再来するであろうということを、唯物論的に理解した人は、キリストの存在を誤解していました。当時の人間的な諸概念は、こうした事柄を理解するには十分ではありませんでした。しかし、近未来におけるキリストの再来という混沌とした理念の中には、キリストがやがて現れたという真実が生きていました。明日お話しするように、パウロには、外的に準備された地盤の上に現れたのです。けれども、なかんずく感覚世界の背後の領域に現れました。その領域でキリストとシビラたちの間で戦いが演じられたのです。それは一つの霊的な戦いでした。

私たちは、物質界でキリスト教が普及しているというヴェールをかかげて、物質界の背後で演じられる霊の戦いに眼を向けなければなりません。その戦いの場では、混沌とした現実の中でもっともっと力を増していったはずのものが魂の中から排除されるのです。この形而上的な行為を通して、キリストが人類のために限りない贈りものをもたらしてくれたのです。このことを洞察できない人が、この唯一無二の行為を誤解してしまうのです。しかし一体誰が、少くとも若干の、いや多くの寄与を、この理解のためにしてくれたのでしょうか。霊界から或る種の霊感を、または啓示を受けた福音史家たちとパウロとが、そういう人たちだったのです。

福音史家とパウロの出現は、別の面からも評価されなければなりません。パウロは火のように激しい言葉でゴルゴタの秘儀を理解させようと努めました。今日、最後に申し上げますが、キリストとシビラとの戦いという言い方で申し上げた事柄に眼を向けるなら、パウロに対して次のような感情をもつことができるはずです。——彼の言葉の間には、通常理解している以上の内容が秘められている。ダマスカスでの出現からパウロの中に流れ込んだ力を彼は語っているのだ。彼を通して、シビラの予言的な口調とは反対の口調が人類の中に響いている。ミケランジェロが見事に描いてくれた預言者たちの口調をパウロが継承しているかのようだ。

シビラたちは地の元素に由来するものをもっていた、と私は申し上げました。地の精たちがシビラに語ったのでなければありえないような言葉を語っていたのです。パウロには、すでに一般の学問の世界でも認められている事柄が見られますが、霊学的に考察しますと、その事柄は本当に人を驚嘆させるようなものだったのです。

パウロもまた、地の元素から力を得ていました。一般の学問では説明できない、これから申し上げることを考察しないでいいのなら、パウロの言葉は、神学的、合理的、抽象的にもよく説明がつきます。通常の合理的な精神だけでも、パウロはよく評価できるのです。しかし彼の言葉の中に、または言葉の間に生きていた霊的なものを理解しようとするなら、そしてまた、なぜ彼の言葉を通してシビラの予言に似たものが、しかも地球紀の進化の一つの良き要素から語られているのかを知ろうとするなら、パウロの世界はどこにおいて通用するのか、という問いに答えることができなければなりません。

その答えは、思いがけないものなのです。すなわち、パウロの言葉が通用するのは、オリーブ文化が通用する世界においてなのです。私が奇妙なことを言っているのは、よく分かっています。しかし明日、パウロの姿をもう少し立ち入って考察するとき、その奇妙さは解消されると思います。

地球は地理的にも多くの秘密をもっています。そして、オリーブの木の見られる地帯は、オーク（柏、なら、かしの類）や、とねりこ（もくせい科の落葉高木）の見られる地帯とは違っています。そして、人間は肉身の物質存在としては元素霊と結びついているのです。オリーブの世界では、オーク、とねりこ、またはいちいの世界とは別の仕方でざわめき、どよみ、うねるのです。地球と人間との関連を理解しようとするなら、パウロがオリーブの木の見られる限りの土地で布教を続けた、という特別の事情に眼を向けるのも必要なことなのです。パウロの世界はオリーブの木の世界なのですから。

第三講

一九一三年一二月三〇日

今回の講義では、まず個々の主題（モティーフ）を提示し、そのあとでそれらの主題相互の関連を明らかにしようと試みられています。ですから、まずイエス・キリストの本性を理解することの難しさを主題として提示し、そのあとでシビラの予言の中に見られる第四後アトランティス期の魂のいとなみに触れ、最後にパウロとオリーブの木という主題を取り上げました。今日は以上の主題モティーフにふたたび立ち戻ろうと思いますが、いわば円を描きながら、その中心に位置するこれらの主題に近づこうと思います。そうすることで、これらの主題の意味が明らかになるはずなのです。そこでまず、キリストの本性をめぐるいくつかの問題点を取り上げようと思います。なぜイエス・キリストの本性がまさにパウロの中に映し出されているのかを知るためにです。

以前の講義でも述べたように、キリストの本性は私たちの太陽系の進化を古太陽紀にまで遡っていくときに理解できるようになるのです。つまり、キリストと呼ばれる或る高次の霊的本性自身の進化にとって、特に太陽紀が重要だったのです。このことについては、ここでそれ以上は触れずにおきますが、キリストの本性が高次の霊的本性であることを前提にして、話を進めていきます。

さて、地球紀での人間の進化を理解するためには、さらに別の事柄を知ることが必要です。そのことが必要なのは、第四後アトランティス期においてイエス・キリストの本性を理解するために用いられた概念や理念では、一定の事実を理解するのに無力だからです。イエス・キリストの本性を知ろうとする試みは、特にキリスト以後の数世紀に、グノーシス派、初代教父そのほか、あれこれの形でキリスト教の基礎を築いた人たちの場合に、繰り返して現れました。その試みは主として、キリストの存在とイエスの存在との関係を知ることに向けられました。

さて、私たちはイエスと呼ばれる二人の少年がいたことを知っています。一方の少年イエスのことは、私たちの問いとの関連では、特に取り上げる必要はありません。私たちの人智学的な前提から容易に理解できる存在だからです。つまり、その少年の中にはツァラトゥストラの自我が生きていたのです。このイエスの人間本性は、第二後アトランティス期に高次の進化段階に達し、その当時、ツァラトゥストラの霊統を基礎づけ、後世にも生き続け、そしてサロモン系イエスとして生まれ変わり、一二歳になるまでに、高次の自我を現すようになったのです。

このツァラトゥストラの自我は、それからもう一人の少年イエスのからだに乗り移りました。ルカ福音書が述べている、いわゆるナタン系イエスの中にです。

今、このナタン系のイエスのことを取り上げなければなりません。これまでも申し上げてきたように、この少年イエスの場合は、厳密な意味で他の人のような人間存在を考えることができないのです。これまで人間として地上に受肉したことがあるとは言えないからです。これまで繰り返して強調してきたように、個々の人間個性となって地上を生きるために霊界から地上へやってきた魂の中の或る魂が霊界に残り続けたのですが、その残されていた魂が、ナタン系のイエスとなって現れたのです。

ですから、このナタン系のイエスの中には、輪廻転生を繰り返しながら進化を遂げた人のように自我を認めることができません。このことは『神秘学概論』の私の記述からも読みとれますが、この少年イエスはこれまで地上を生きたことがなかったのです。そこで今、次のような問いが生じます。――私たちがただ「ナザレのイエス」と呼んでいるこのナタン系のイエスは、それまでにも地球の進化となんらかの結びつきをもっていたのだろうか。

地上に受肉したことのある本性だけが地球の進化と結びついているのではなく、高次のヒエラルキアに属する霊的本性たちにもそういう存在がいるのです。ナタン系イエスとなって生まれた霊的本性の魂がそれまで一度も地上に受肉したことがなかったとしても、この本性がそれまで地球の進化となんの関係も持っていなかったとは言えないのです。ただその本性は、これまで人間として地上を生きたことがなかったという意味でのみ、地球と人類との進化に結びついていなかったのです。

それでは、この本性はどのような仕方で地球の進化に結びついていたのでしょうか。このナタン系イエスの本性の進化を考えるときは、物質上の地球の進化の中にこの結びつきを求めても無駄です。これまで物質化したことのなかった霊界の中にそれを求めなければならないのです。しばしば述べてきた見霊的な観察を通して、霊界の中に次のことが見えてきます。

『神秘学概論』で述べたことを思い出して下さい。レムリア期以降、人類の主要な一群を例外として、大半の魂たちは次第に他の諸惑星から降下し、そしてアトランティス期になると、人体の中に受肉するようになりました。ですから地球の進化とは、魂たちが宇宙的な環境から地球に移ってきて、新たに地上での進化を始めるということでもあるのです。レムリア期以前の場合は、魂たちが惑星に戻っていきました。そして地上の進化は、人間の魂が地上に生きる限り、ルツィフェルの、後にはアーリマンの誘惑に晒《さら》されざるをえませんでした。

人間の魂は、からだの中に入っていくように促されたのですが、からだの中に入った魂は、地上での進化の過程で、この両霊的本性の誘惑に晒されました。人間の魂が、惑星での生活を離れて、地上の進化を共にして、そしてルツィフェルとアーリマンの影響に晒されるだけだったとしたら、地上の人間は次のような事態に陥ったでしょう。そのことを私は、『神秘学概論』の中では、まだ暗示しませんでした。現代においてはすべてをすぐに公開する状況にはないのです。――人間が惑星から降下して、肉体に入らなければならなかったとき、感覚生活は危険に晒されていたのです。人間の魂が惑星の領域から地上に降下して、人体に受肉すれば、すべてがうまくいく、というような簡単なことなのではなく、ルツィフェルとアーリマンの原則が人間に働きかけたために、人体は、本来の進化を辿ることができなくなったのです。受肉して、感覚の力を用いたとき人間の魂は、独特な仕方で、本来ならばありえなかったような仕方で、感覚を用いなければならなかったのです。

　このことを理解するために、次のように考えてみて下さい。魂が人体に入ったとき、例えば眼が色の印象を受けとります。そのとき、色を知覚するだけでなく、眼が或る色を見て、浄福感をもち、烈しい喜びの感情に捉えられたり、ほかの色からは烈しい反感をもち、その色の印象から痛みさえも感じた、とするのです。つまりルツィフェルとアーリマンの影響によって、惑星から降下した魂のために感覚が正しい居場所を提供できなかったとするのです。人間の魂は、みずからの感覚のせいで、絶えず共感によって祝福され、反感によって苦しめられるのです。どの色を見ても、反感か共感かのいずれかになってしまいます。浄福感をもつかと思うと、たちまち恐ろしく心が痛みます。進化全体がそのように仕組まれたとするのです。そのように宇宙の力が、特に太陽から地上に作用し、感覚がこういう仕方で形成されたとしたら、平静な心で世界と向き合うことなど不可能だったでしょう。

ですから、地球の宇宙的な環境から流れて来て、人体の諸感覚を形成した宇宙の諸力の中に、変化が生じなければなりませんでした。霊界の中に何かが生じて、感覚が単なる反感と共感の器官にならないようにしなければなりませんでした。ルツィフェルとアーリマンの影響の下に置かれた人間の感覚がこうなってしまわないように、次のことが生じました。

――先ほど申し上げたイエス少年の本性は、惑星から地球への道を選んで降りてきたのではなく、あとに残っていたのです。のちにナタン系のイエス少年となって現れたこの本性は、太古の時代に霊界にあって、こう決心したのです。（こういう言い方はすべて、人間の言語を使っているので、言いたいことを十分に示してはいませんが）この本性は、当時、まだ高次のヒエラルキアの中にあって、キリストの本性にしばらくのあいだ浸透されることができるまでに進化を遂げようと決心したのです。今述べているのは、人間のことではなく、超人間的な本性のことです。霊界に生き、感覚組織の苛酷さのゆえに助けを求め、叫んでいる人間の声を聞いた本性のことです。この本性は、人間のこの苦しみと助けを呼ぶ声を感じとって、みずからをキリストの本性に浸透されるにふさわしくしようと決心したのです。

愛する人智学の友人たち、こうして霊界で、のちのナタン系イエス少年になった本性が、いわばキリストの本性によって霊化され、感覚の育成のために働いてきた宇宙の力を変化させて、感覚を単なる共感と反感の器官からこんにちの人間の感覚器官になるようにしたのです。こうして人間は、叡智をもってすべての感覚的知覚のニュアンスに相対することができるようになりました。まだレムリア期の頃に生じたこの出来事がもしも霊界に生じなかったなら、人間の感覚を育成する宇宙の働きは、まったく別の仕方で人間に作用し続けたことでしょう。

後のナタン系イエス少年は、その当時――こういう言い方をさせていただくなら――太陽に住んでいました。そして、今述べた苦しみの叫びによって――またこういう言い方をさせていただくなら――太陽霊そのものに浸透されるところまで生き抜いたのです。太陽霊そのものを自分の中に浸透させた結果、この本性はいわば太陽の作用力を緩和して、本質的にこの太陽の作用力の成果である人間の感覚器官が単なる共感と反感の器官にならないようにしたのです。

愛する皆さん、今私たちは非常に重要な宇宙の秘密にふれました。この秘密は、後に生じたことの多くを理解させてくれるに違いありません。

さて、人間の感覚世界が秩序と調和をもったものになるように形成され、その経過がしばらくのあいだ続きました。こうして、人間の感覚に対するルツィフェルとアーリマンの最悪の作用が取り払われたのです。

その後、すでにアトランティス期になってからですが、この人体がふたたび、進化にふさわしい仕方で発達できなくされました。しばらくの間はいわば良い状態で進化してきた人間の生命器官、生命の根本的な力であるエーテル体が、正常な状態を保てなくなったのです。地球の周囲から働きかけていた宇宙の力、人間の生命器官、循環器官などを正常に機能させるべき宇宙の力が、ルツィフェルとアーリマンによってふたたび妨げられてしまったからです。

この生命諸器官を正常に機能させるべき宇宙の力は、直接太陽から来たのではなく、かつて七つの惑星と呼ばれた星々から来たのです。その惑星の働きが宇宙から人間の中へ作用してきたのですが、今、人間の生命諸器官を左右するこの宇宙力を緩和しなければならなくなったのです。宇宙力が、アーリマンとルツィフェルの影響の下に、人間の生命器官を発達させていったなら、この生命諸器官は、欲望と嫌悪の器官にしかならなかったでしょう。例えば、食事をとるとき、ある料理にはやたらに引きつけられ、別の料理を怖気《おぞけ》を振るって撥《は》ねつけたでしょう。見霊的に宇宙の秘密に参入しようとすると、こういうすべてが見えてくるのです。

人類を破滅させるような事態に到らないようにするために、霊界の中にふたたび別の働きが生じなければなりませんでした。そこで、どうぞ注意して下さい。後にナタン系イエスとなる本性が、かつては太陽に居住して、そこで高次の太陽霊であるキリスト本性によって育成されたのですが、この将来イエスとなる本性が今、惑星から惑星へと渡り歩いて、人類がこのままではやっていけなくなるという思いに深くとらえられたのです。そのときの経験は、強くこの本性に作用しました。この本性はいろいろな惑星に転生しながらアトランティス期の或る時点で、ふたたびキリストの霊にみずからを浸透させたのです。そして、キリストの霊に浸透されたことによって、人間の生命器官が節度を保てるようにしたのです。かつては感覚諸器官に平静な叡智が与えられたように、今、生命諸器官に節度が与えられました。ですから、あるところで呼吸するときむしゃぶりつくように空気を吸い込んだり、別のところでは空気を押しのけようとしたりするのではなく、いわば節度を保って生きることができるようになりました。これはナタン系イエスが霊界において、キリストの霊によって育成されたこととの結果でした。

人類進化の更なる発展の中で第三の出来事が生じました。もしも魂が地上で可能となった身体だけに関わり続けたなら、無秩序が生じなければならなかったでしょう。

この時期に到るまでに、人体が本質的に調《ととの》えられました。超感覚世界におけるキリスト行為を通して、まず人間は地上にふさわしい仕方で感覚器官を用いることができるようになりました。次いで、生命器官をふさわしい仕方で働かせることができるようになりました。しかし、魂の諸器官はまだ用意されていませんでした。もし、その後何も生じなかったなら、魂の器官は無秩序なままでいなければならなかったでしょう。思考と感情と意志は無秩序な状態におかれ、意志は思考を、感情は意志を妨げ続けたでしょう。人間は思考、感情、意志という魂の三つの器官を絶えず混乱した状態で用いなければならなかったでしょう。意志の過剰によって荒れ狂ったり、抑圧された感情によって夢うつつの状態になったり、無秩序な思考によって絶えず違った考え方をするようになったりしたことでしょう。これが人類が地上で遭遇する第三の大きな危機でした。

さて、思考、感情、意志という魂の三つの力の秩序は、地球を取り巻く宇宙の秩序によって保たれています。地球という自我の働きのための舞台では、思考、感情、意志という魂の三つの力がふさわしい仕方で共同して作業できなければなりません。そのためには、すべての惑星ではなく、太陽と月と地球とが共に作用しなければなりません。その共同作業を通して、思考と感情と意志が調和的になり、人間は思考と感情と意志とを調和的に働かせることができるようになるのです。

この共同作業のためにも、霊界からの助けが必要でした。そして今、後のナタン系イエスの魂は、ある宇宙的な魂の形をとりました。すなわち、地上にも月にも太陽にも留まらずに、地球の周りを廻りながら太陽、月、地球の影響に従ったのです。地球の影響は下から上って来ました。月と太陽の影響は、上から降りてきました。霊視すると、いわば進化の開花期にあったこの魂を、月が地球の周りを運行する領域の中に見ることができます。ですから、月の影響が上から来たとは言えません。月の影響は本来、みずからが存在しているところから来たのです。混乱した思考と感情と意志をもった人間の魂が、後のナタン系イエスの魂をふたたび仰いで叫びました。そしてこのイエスの魂は、人類進化のこの悲劇的な状況を深刻に感じとりました。後のナタン系イエスは、自分のところへ来るように、ふたたび高次の太陽霊に呼びかけました。太陽霊はこうして今、三度目に彼を霊化しつつ、彼の中に降下したのです。宇宙の高みで、地球の外で、キリストと呼ばれる高次の太陽霊がこのナタン系イエスに浸透したのです。

さて、この第三の魂の霊化（と名づけておきます）は、これまでの二つの魂の霊化とは違ったやり方で語ろうと思います。霊的もしくは天上的な進化の過程で、前後三つの段階に生じたことは、後アトランティスの諸民族のさまざまな世界観の中に映し出されています。レムリア期にキリスト本性が後のナタン系イエス少年の魂を霊化することで生じた諸作用は、いわば太陽の働きとなって作用し続けました。そして、ツァラトゥストラがもたらした秘儀は、太陽のこの諸作用に由来するのです。ツァラトゥストラの教えは、太古のレムリア期に生じたことが彼の魂の中に投影され、開示された結果なのです。

第三後アトランティス期であるエジプト＝カルデア文化の或る部分は、太陽霊が後のナタン系イエスの存在に浸透し、その魂を霊化したことの諸結果を人びとが体験したことによって生じたのです。一方、この存在は諸惑星をめぐり歩き、それによってカルデアの占星学と呼ばれる惑星の働きについての学を生じさせました。こんにちの多くの人は、この占星学のことをあまり知りませんが、第三後アトランティス期では、エジプトやカルデアの諸民族の下で、外的、顕教的にも知られたあの星の信仰が生じました。この信仰が起こったのは、惑星の働きが後の時代に弱められて作用し続けたことによるのです。

　そして後世、第四後アトランティス期のギリシア人は、惑星の霊たちのことを知っていました。この惑星の霊たちは、キリストに浸透され、諸惑星を次々に放浪した存在の各惑星における現れなのです。木星ではギリシア人の言うゼウスになりました。火星では後のマルスになりました。水星ではメルクリウス（マーキュリー）になりました。ギリシア神話の惑星神たちの名には、霊界でのイエス・キリストが、ルツィフェル原則とアーリマン原則に貫かれた惑星の本性たちに作用したことを、あとになって映し出しています。ギリシア人が天上の神々を仰ぎ見たとき、私が先に述べた多くの事柄だけでなく、一つひとつの惑星でのイエス・キリストの働きの鏡像をも見ていたのです。

　それに加えて、第三にイエスの本性がまだ超地上的な本性だったアトランティス後期に、太陽、月、地球との関連で体験した事柄の残照も生じました。もっと具体的に言えば、キリストはみずからを天使という魂の存在にしたのです。キリストはナザレのイエスに受肉しただけではなく、今、霊界でのキリストは、思考と感情と意志を調和させている天使という魂の存在になったのです。このことは霊界に生じた重要な事件でした。人類の魂を進化させたこの出来事は、まだ新しい事件でした。それ以前の二度にわたるキリストの事件は、地上の人間の身体上、生活上の在り方に秩序をもたらしたのですが、超地上的世界におけるこの第三の事実の場合には、何が生じたのでしょうか。

この第三の事実を認識するには、ギリシア神話におけるその反映を見る必要があります。実際、惑星霊たちがゼウス、マルス、メルクリウス、ヴィーナス、アプロディーテ、クロノスなどになってギリシア神話の中に投影されているように、ギリシア神話だけでなく、実にさまざまな民族神話の中にも、この第三の宇宙の出来事が投影されているのです。それがどのように投影されているかを知るには、比較してみることが必要です。外なる宇宙で生じたことと、ギリシアでのその影響とをです。

では、上方の宇宙では何が起こったのでしょうか。人間の魂の中で混沌として蠢《うごめ》いていたようなものは、追い払われなければなりませんでした。克服されなければならなかったのです。キリストに浸透されたこの天使は、思考と感情と意志の中に調和と秩序が保たれるように、人間の魂から邪魔なものを、混沌と無秩序を生じさせるものを、取り除かなければなりませんでした。

そのことを表わすひとつの神話的なイメージがあります。天使のような姿の像ですが、この像は、まだ霊界にあって、後にナタン系イエス少年になる存在を表しています。この存在の魂は、キリストの本性によって霊化されました。ですからそれによって、思考、感情、意志から龍を追い出すという特別の行為をすることができたのです。この龍は、魂の中に生き、暴力をふるい、魂を混沌の中に陥《おとしい》れようとしていました。

このことの思い出は、龍を克服する聖ゲオルクのイメージとなって現れています。人間の諸文化の中にも、同じイメージの神話が伝えられています。聖ゲオルクと龍は、キリストがイエスの魂を充たして、イエスが人間の魂の中から龍を追い出せるようにした、あの超地上的な出来事を映し出しているのです。

これは、当時天使だったイエスがキリストに助けられて可能にした重要な行為でした。事実、この天使は、龍の本性と結びつかなければなりませんでした。いわば、みずからが龍の形をとって、龍を人間の魂から引き離さなければなりませんでした。龍の中で働き、龍を高貴な存在にすることで、混沌から一種の調和を生じさせるのです。龍を教育し、手なずけること、このことが、この本性の更なる課題だったのです。

このようにして、実際に龍は、天使からの働きを受けて、すべての後アトランティス文化の中で生じた多くの啓示の担い手となったのです。龍のカオスが荒れ狂う、または意識を混乱させる人間となって現れる代わりに、後アトランティス時代の「根源の叡智」が現れたのです。イエス・キリストはいわば龍の血を用いることによって、その血を人間の血に浸透させることによって、人間が神的叡智の担い手になれるようにしたのです。紀元前九世紀から顕教的にも、ギリシア神話はこのことを意味深く伝えてくれています。

ギリシア神話の場合、ある神的形姿が他の神的形姿から際立っています。ギリシア人はいろいろな神を崇拝していましたが、その神々は、後のナタン系イエスがキリストと共に諸惑星を遍歴したときに生じた本性たちの投影でした。ギリシア人が宇宙に眼を向け、光エーテルを透視したとき、正しく――外的なではなく、霊的、内的な根源をゼウス（ジュピター）と名づけた木星に帰したのです。ギリシア人はそのようにして、パラス・アテネ、アルテミスなど、惑星神たちについて語りました。しかし、このような神々の形姿の中で、アポロンの形姿だけが際立っているのです。アポロンの形姿は独特の仕方で現れています。いったいギリシア人は、アポロンの中に何を見たのでしょうか。

パルナソス山とカスタリアの泉を見て下さい。その泉の西に洞窟が口を開いています。ギリシア人はその上に神殿を建てました。なぜでしょうか。以前その洞窟からは蒸気が立ち昇りました。その蒸気は、空気の流れが適切ならば、蛇のように、龍のように、山を取り巻いたのです。そしてアポロンは、洞窟から立ち昇る烈しい蒸気となった龍に向って矢を放つのです。ここには、龍に対して矢を放つ聖ゲオルクがアポロンとなって私たちの前に現れるのです。そして、アポロンが龍ピュトンを克服したとき、そこに神殿が建てられ、そしてピュトンの代わりに私たちが見るのは、ピュティアの魂の中に蒸気が入っていく様です。そして今、この烈しい龍の蒸気の中にアポロンが生きて、ピュティアの口からお告げを語らせ、そうすることでギリシア人に予言をする能力を与えたのです。

こうして、自己意識的な民族であるギリシア人は、階段を一つひとつ登っていきます。その階段上でギリシア人は魂の準備をして、龍の蒸気を浴びるピュティアを通して、アポロンの言葉に接するのです。言い換えれば、アポロンは龍の血の中に生きて、カスタリアの泉に叡智の水を汲みにくる人びとに叡智を飲ませるのです。そしてその場所は、聖なる競技や祝典を行う集会所になるのです。

では、なぜアポロンはそうすることができたのでしょうか。アポロンとは何ものなのでしょうか。アポロンは春から秋までしか、龍の血から叡智を立ち昇らせません。秋になると、アポロンは太古の故郷へ、北方のヒュペルボレイオスの地へ戻っていきます。祝典は去っていくアポロンへの送別の宴のように行われたのです。

アポロンは春になると、北方から戻ってきます。アポロンのこの北方行には、深い叡智が働いています。物質体の太陽は南方へ移りますが、霊的な太陽は常にその反対へ向かうのです。ここには、アポロンと太陽との関係が示唆されているのです。アポロンは先に述べた天使なのです。実際にアトランティス期の終わりにキリストによって霊化された天使の魂がギリシア人の心情に投影されたのです。キリストによってその魂を霊化された天使がギリシア人の心情に投影されて、アポロンとなり、ピュティアの口を通してギリシア人に叡智を語ったのです。このアポロンの叡智の中には、ギリシア人にとって、すべてが含まれていたのです。もっとも重要な事態が生じたとき、あれこれの態度を決定するのに、常にこのアポロンの叡智が指導的役割を演じたのです。繰り返して人びとは、人生の困難な事態に遭遇したとき、魂をしっかりととのえて、アポロンのところへ行き、アポロンの生きている蒸気をあびたピュティアの口を通して予言を受けたのです。

治療師アスクレピオスはアポロンの子とされています。アポロンは医の神なのです。かつてキリストが降臨したあの天使の面影を宿しているのが、地上での、地上のための治療師なのです。事実、アポロンは決して肉身として地上に現れたことはありませんでした。地の元素を通して作用していたのです。

そして、このアポロンはミューズの神であり、特に歌唱と音楽の神です。なぜでしょうか。なぜなら、彼が歌唱と弦楽器の演奏によって、ばらばらに働いている思考と感情と意志の間に秩序を与えているからです。そしてアポロンのこの行為は、何度も言うように、アトランティス末期に生じたことの投影だったのです。アトランティス末期に、ある働きが霊界の高みから人間の魂の中に降りてきたのですが、アポロンの守護の下にギリシアで培われた音楽の中に、その余韻が響いているのです。

かつてキリストの力を受けた天使が思考と感情と意志とを調和させるために、天上の高みで芸術を大切に育《はぐく》みました。その古い芸術の地上での残照こそが音楽なのです。ギリシア人はこのことを理解していました。ギリシア人はそうは語りませんでしたが、このことは、アポロン秘儀の中では、こう語られていました。――かつて高次の神的本性が天使の位階にある存在に働きかけて、思考と感情と意志を調和させた。そして、その地上での残照が音楽なのだ、と。

けれども、その音楽とは、特にアポロン的な、例えば弦楽器が響かせる音楽のことでした。例えば、笛のような管楽器は、アポロン的とは見做されませんでした。管楽器のように四大に訴えかけるのではなく、いわばもっぱら人間の生き方だけに必要な音楽、つまりアポロンの弦が響かせる音楽、そのような音楽が、ギリシア人にとって、心情を調和させる作用をもっていたのです。

そして、アポロンの音楽芸術を好まず、音楽を十分に評価をしない人びとのことを、ギリシア人は、以上に述べたすべてをふまえて、アポロン原則に鈍感であることの記《しる》しがからだに現れている人、と呼びました。その人びとは、からだの外側に以前の段階に先祖返り的に留まっている記しをもっている、と言ったのです。注意すべきことに、男が特に長い耳をもって生まれてきたとき――ミダス王がそうでしたが――、ギリシア人は、彼はロバの耳をもってこの世に生まれてきた、と言いました。この世に来る前に、キリストの力を受けたあの天使がかつてこの世に及ぼした作用に従っていなかったゆえに、彼はロバの耳を持ち、その結果、弦楽器よりも管楽器のほうを好むのだ、とギリシア人は言いました。

そして、ある子が皮膚をもたずに生まれてきたとき——神話では生皮を剥がされたマルシュアスとして知られています——、生まれる以前に天使の言うことに耳を傾けなかったのでそうなったのだ、とギリシア人は言いました。

このことはオカルト的な観察からも分かります。笛の名手マルシュアスは、オカルト的に見ても、生きたからだで皮を剥がされたのではなく、そのような状態で生まれてきたのです。彼の罪は、生まれる前に犯されたのです。

ギリシア人の多くの植民都市はアポロニアと呼ばれています。どこに植民したらいいか、ピュティアから助言を得ていたからです。ギリシア人は都市の自由を大切にし、統一国家ではなく、彼らの神アポロンの与えてくれた理想的な統一を大切にしました。ギリシア人は後にアポロンのために一種の都市同盟をつくりました。

このように、ギリシア人は今述べたような神をアポロンと呼んだのです。そしてアトランティス末期に、アポロンに対応する存在として、キリストの本性が魂の存在となって現れたのです。

一体アポロンとは何ものなのでしょうか。ギリシア人が崇拝した影の姿ではなく、本来のアポロンとは何ものなのでしょうか。超地上的な存在としてのアポロンは、心情を救済する力を高次の世界から地上に注いで、ルツィフェルとアーリマンの力を無効にする存在なのです。このアポロンの働きは、人体の脳と呼吸と肺を喉頭部と心臓の働きとに関連づけます。そして歌唱はこの関連づけのあらわれなのです。そして脳と呼吸と発声器官と心臓の正しい協力は、思考と感情と意志の正しい協力の身体上の表現でもあるのです。

　アポロンは治療師、超地上的な治療師です。私たちは進化の三段階を見てきました。そしてアポロンに基礎をおく治療師が地上に生まれます。人びとはその人をイエスと呼びます。イエスとは、私たちの言葉に翻訳すれば、「神によって治療する者」のことです。神によって治療する者、イェホシュア＝イエスこそがナタン系のイエス少年なのです。

　さて、彼（ナタン系イエス）は第四の段階で、キリストの本性から、自我から力を受けるまでに成熟します。このことがゴルゴタの秘儀を通して生じます。実際、ゴルゴタの秘儀以前に生まれた人の魂は、もしもゴルゴタの秘儀が生じなかったなら、もしも今、ある本性が、私たちが宇宙時間を通して辿ってきた本性が、キリストの本性の力を受けなかったなら、その後の時代の中で、自我の力を正しく表現できる身体をもつことはできなかったでしょう。自我はツアラトゥストラにおいて、最高の進化に達しました。もしもゴルゴタの秘儀が生じなかったなら、自我を進化させてきた魂たちが真の進化にふさわしい身体をふたたび見出すことはできなかったでしょう。

さて、私たちは調和化に四つの段階があるのを学びました。感覚生活の調和、生命器官の調和、思考と感情と意志の調和、そして自我における調和です。この最後の段階はゴルゴタの秘儀によって生じました。

愛する人智学の友人たち、皆さんはナタン系イエスとして生まれた存在とキリスト本性との関係を学びました。そして、この関係がどのように準備されたかも学びました。私たちは、今日、真の人智学の中で開示できた事柄を通して、キリスト本性とナタン系イエスの人間本性との共同作用、共属関係を理解することができます。私たちにはそれが許されています。そして未来における健全な精神生活は、ゴルゴタの秘儀が成就した時代の思想生活では理解できなかった事柄を、これからますます理解できるようになっていけるかどうかにかかっているのです。

第四講

一九一三年一二月三一日

昨日は、地球紀の人類に生じたゴルゴタの秘儀のために、どんな準備がなされてきたかをお話ししました。そして、高次のヒエラルキアの或る本性がキリストに浸透したこと、ゴルゴタの秘儀の遠い過去での前触れのように、アトランティス末期に生じたことの余韻が、すばらしいギリシアのアポロンの中に響いていたことをお話ししました。

そこで、これから取り上げたい問題は、人類進化にどんな作用が外から生じたのかを探求することです。そのために必要なのは、まず、昨日述べた三度にわたるキリストの出来事を余韻のように伝えている後アトランティス期のいろいろな世界観の根本特徴を明らかにすることです。

これらの世界観が生じたのは、人間の魂が昨日述べたすべての出来事から影響を受けた結果です。後アトランティス期の世界観は、後アトランティス期の人間の魂がこの三重のキリストの出来事を映し出している、と教えているのです。

この観点から初期の後アトランティス期に眼を向けてみましょう。この時代のことは、別の観点からこれまで何度か取り上げてきました。この時代は、霊性との関連で言えば、後アトランティス期における最高の文化期でした。しかし、昨日述べたあの三重の出来事の影響は、聖《リ》仙《シ》やその弟子たちの魂にはあまり及んでいませんでした。

後アトランティス期の中で、三重のキリストの出来事が直接影響を及ぼしている最初の世界観は、ツァラトゥストラの衝動の下に生じた世界観です。ここで付け加えておきますと、私がこれから使おうとしている言葉は、こんにち使われている学術用語ですので、抽象的で乾燥しており、ペダンティックな印象さえ与えかねませんが、今のところほかに適当な言葉が見つからないのです。ですから、これから使う言葉を、どうぞ学術用語よりも無限に霊的な意味を込めて理解しようと試みて下さい。

今取り上げている観点から言いますと、ツァラトゥストラの世界観は、年代学《クロノロジー》（時の秩序）の世界観であると言えます。アフラ・マズダとアーリマンという二つの霊的存在の中に、ツァラトゥストラの世界観は、時間＝ツェルヴァン・アカラナの作用を、つまり時の作用を見ています。しかし、ツェルヴァン・アカラナは、こんにちの抽象的に把握された時間ではなく、生きた、超人格的な存在としての時間です。ツァラトゥストラの世界観は、「時」をひとつの本性であり、時の支配者であると見ているのです。それが宇宙空間における黄道十二宮として象徴されているあの霊的本性たち、アムシャスパンドたちです。この本性たちは六つの、またはそれぞれが対《つい》をなしていると考えれば、12の数を通してイツェドを支配しているのです。イツェドはこのアムシャスパンドの下にある28から31までの数の存在で、高次の時の霊に仕える低次の霊たちです。イツェドは一ケ月の中の一日を支配しています。

ツァラトゥストラの意識は、28から31の日から成る12の月を生じさせるすべての関係、すべての結びつきを通して、宇宙の数の力によるあのすばらしい調和に眼を向けていました。いわば一大宇宙交響楽団の中のそれぞれの楽器が、この数の関係を通して響き合っているのです。ツァラトゥストラの世界観は、この数の原理を、宇宙を秩序づけ、調和（共鳴）させるものと見ていました。

今はこの関係性にただ触れることしかできませんが、この関係性は、創造すると同時に滋養にしつつ、世界観を受容すると同時にそれを消化しつつ、他の段階へ担っていくときの関係性なのです。ツァラトゥストラの世界観はこの「時」を霊的、超個人的なものと見ているゆえに、この世界観を霊的な、「時の秩序」的な世界観と呼びたいのです。こう呼ぶことで、私たちは同時に、時の支配神クロノスのことを考えています。

次に私たちは第三後アトランティス期に入ります。私たちはすでに昨日、この時代の魂たちが星から輝き出る力の本性たちによって知へうながされているのを見てきました。もはや時の神が超感覚的なものの中で支配しているのを宇宙の秘密と見るのではありません。すでに感覚世界の中で、星々が宇宙空間に描く文字の中に、宇宙事象の調和化、旋律化を見たのです。

私はこの世界観を占星学《アストロジー》（星の秩序）と呼ぼうと思います。時の秩序に星の秩序が続くのです。そして、ツァラトゥストラ主義の時の秩序、エジプトとカルデアの秘儀の星の秩序、その秩序を明らかにするすべては、アトランティス大陸消滅以前の三回にわたるキリストの事実の宇宙的な働きをあらわしているのです。

それではギリシア＝ラテン期には、何がそれに続いたのでしょうか。私がこれからお話しすることは、ギリシア、ローマに限らず、ヨーロッパの他の諸地域にもあてはまります。昨日は個々の場合だけを取り上げましたが、西洋全体についてもあてはまるのです。

もう一度、ギリシア人がアポロンをどのように崇拝していたのか、ふり返ってみましょう。アポロンはナタン系イエス少年の残照であり、アトランティス末期にも地上を生きていました。アポロンは北方のヒュペルボレイオスからデルポイの神託の地へやって来ます。夏の間、アポロンはピュティアを通してギリシア人の聞きたい、もっとも重要なことを語り、そして秋になると、自分のヒュペルボレイオスの地に戻りました。私たちはアポロンのこの歩みを、太陽の歩みと関連づけました。しかし、アポロンを通して語るのは霊的な太陽なのですから、物質の太陽が南へ移る間、霊的な太陽であるアポロンの歩みは北へ向かいます。神秘学の光の下に考察すると、神話は限りなく宇宙の叡智をあらわしています。それにもかかわらず、ギリシア人は、アポロンを仰ぎ見るために、天空の太陽を見上げたのではありませんでした。ギリシア人がアポロンを崇拝したとき、アポロンの象徴として太陽を仰ぎ見たのではありません。外なる太陽との関連で、アポロンを太陽神と見たのではありません。その意味での太陽神は、ヘリオスでした。ヘリオスが天空の太陽の歩みを定めたのです。

物質界においても、太陽は、直接日の光を通して人間に作用しているだけなのではありません。太陽はまず、空気と水の中で、水蒸気の中で、そしてまたカスタリアの泉の洞窟から立ち昇って、近くの山を龍のように取り巻く蒸気の中でも作用しているのです。ちなみにこの龍は、ギリシア系の聖人ゲオルク（ギリシア語「ゲオルゴス」は「土地の人」の意）によって殺されました。

太陽は四大のすべての中で作用します。そして太陽がすでに地の元素に十分に浸透したあとで、この元素から、いわば元素霊と呼ばれる従者たちを通して人間に作用するのです。太陽霊は諸元素の中に生きて作用するのですが、この作用力をギリシア人はアポロンの中に見たのです。

アポロンはギリシア人にとって太陽神でしたが、太陽の車で天空を駆けながら、一日の時間を司《つかさど》るヘリオスのことではありませんでした。ギリシア人がアポロンを仰ぎ見たときは、大気における太陽の作用を見ていました。ギリシア人が霊的に太陽の作用を見たとき、その作用をアポロンと呼びました。西洋に見られる多くの神々や霊的本性たちにも、このことがあてはまります。多くの例をあげることができるでしょうが、ヴォータンを例にとれば、この神は嵐の中を、荒々しい軍勢を率いて疾駆するのです。

この第四後アトランティス期において、三重のキリストの事実の影響を受けた世界観は、どうなったでしょうか。私はここでも乾燥したペダンティックな言葉を用いなければなりません。占星学には気象学《メテオロロジー》（天空の秩序）が続いたのです。年代学―占星学―気象学です！　ただその際、「ロジー」をロゴスと関連づける必要があります。

しかし、こういうすべてが西の世界の中にもたらされた一方で、三重のキリストの事実の余韻のまったく別の側面が後アトランティス期の文化全体に流れ込みました。この第四のもの、気象学と並行するように第四後アトランティス期に生じたものは、ここでも乾燥したペダンティックな言葉を使えば、地質学《ジオロジー》（地の秩序）なのです。ここでも「ロジー」をロゴスと結びつけて下さい。地質学はどこに現れたのでしょうか。

ここで言う意味での地質学を考慮に入れなければ、古代ヘブライ文化の特質は理解できないのです。エロヒームの数も、ヤハヴェ神も理解できないのです。ヤハヴェは大地そのものから人間を造りました。かつての土星紀、太陽紀、月紀からやってきた存在を、ヤハヴェは大地という新しい素材で形作ろうとしたのです。ヤハヴェという神は、土から人間を造ります。言い換えれば、大地の諸元素から、大地の力から人間を造るのです。ですから古代ヘブライの叡智は、ヤハヴェ神に仕えるために、地質学にならなければなりません。大地の力から形成された人間についての教義が地質学なのです。実際、最初の人間の名前は古代ヘブライ学の地質学的性格を示していないでしょうか。アダムとは大地から造られたもののことなのですから。

このことに注意することが大切です。気象学的な世界観をもった諸民族は、人間形成について別のことを語っています。ギリシアの世界観を見て下さい。プロメテウスが坐して、人間を形成していますと、パラス・アテナがそこに加わって、霊界の高みから人間に霊の火花を贈るのです。プロメテウスは魂を蝶になぞらえて形成します。一方、ヤハヴェ神は人間を土から造るのです。進化の過程で大地の主となったヤハヴェは、自分の実体から生きた魂を取り出し、それを人間の中に吹き込みます。ヤハヴェは大地から形成した人間に息を吹きかけることによって、人間を自分に結びつけます。そして自分の息子の中に、生きた息の中に、アダムとその子孫である地上の子らの中に住もうとします。ヤハヴェは自分が住むにふさわしい形姿を土から自分で作ったのです。

さらに先へ進みます。古代ヘブライ人に伝えられてきた聖書内容のすべてに眼を通してみて下さい。大地は特定の力を発達させるのです。ゲーテ、ジョルダーノ・ブルーノらはこの力を人間の呼吸の働きと較べています。地球は吐く力と吸う力、水の干満《かんまん》、増水と減水を生じさせる力を発達させます。地球の内なる力としてです。これは月が地球の周りを回るようにさせている力と同じ力です。この地球の力は、水の働きとなって現れます。聖書は、地上の人間であるアダムの創造の後の更なる重要事件として、洪水という水の力を描いています。

　モーセの時代になると、この力がいたるところで地上の働きとなって現れています。杖をもったモーセが岩場で大地から水を湧き出させます。モーセは山上へ行きます。山上で生じているものも、大地の作用力なのです。事実、この山は火山、または火山性の山だと考えられます。それは一般に考えられているようなシナイ山なのではなく、大地の作用力なのです。モーセが立っていた火の柱は、ちょうどイタリアの硫黄《いおう》の山で紙に火をつけると、大地から煙が立ち上るときのような現象なのです。山から大地の作用力が熱い煙となって上ってくるのです。そして、ユダヤ人は常に大地の作用力の中に象徴を見ていました。ユダヤ人にとって、雷雲もしくは熱い煙が大地の作用力をもっともよく示しているのです。聖書の細部に深く入っていくと、そのいたるところに大地の霊が働いています。モーセはこの大地の霊を、ヤハヴェ神の啓示だと語っています。モーセは地質学を告知しているのです。ギリシアの世界観が気象学であり、ヘブライの世界観が地質の教えであるということを知らない限り、ヘブライとギリシアの世界観の深刻な相違を理解することはできません。

　ギリシア人は、自分の周りに生じているすべてを、宇宙から地球を取り巻く大気、空気の中に注ぎ込まれる力と関連づけて考えるのです。一方、ヘブライの世界観では自分の周りに感じるすべては、大地から上方へ拡がる力と結びついています。それどころか、ヘブライ民族の苦悩でさえも、大地の力と結びついた砂漠の特徴を示しているのです。地質はヘブライ民族の運命にまで浸透しています。地質という大地の豊かさが、まるで情報提供者のようにユダヤ人を約束の土地へ誘うのです。

　そしてパウロは、大地の霊との関連のこの意識が超地上的なキリストの出来事の余波であることを知っていました。事実パウロは、ユダヤ人を先導して、砂漠の岩から水を生じさせたのがキリストであったことに注意を促しています。

　聖書からヘブライの民族伝承に眼を転じますと、その伝承も今述べた地質の教えに浸透されていることが分かります。――ヤハヴェは、人間を土から形作ったとき、地球のあらゆるところからいろいろな色の土を集めてくるように、と仕えている天使たちに命じました。土の成分のすべてをアダムのからだに混ぜるためにです。現在の私たちならこう言うでしょう。――エホヴァは、人間の真の本性が地の創造の最高の成果になるようになさって下さったのだ、と。

　カルデア人、エジプト人、ゾロアスター教徒、ギリシア人、ローマ人、中部・北部ヨーロッパ諸民族などの場合、人間のもっとも重要なものは、霊界に由来するものでした。ユダヤ人にとって人間のもっとも重要なものは、大地並びに大地の力と関連しているものだったのです。ヤハヴェはみずからを霊的に地球全体を支配している神であると感じているのです。

ですから、第四後アトランティス期におけるもっとも重要な出来事は、地質が気象と並行して存在するようになったことなのです。そしてこのことは、古代ユダヤの預言書の中にも見事に表現されています。

預言者たちは本来何をしようとしたのでしょうか。預言者イザヤ、エレミア、エゼキエル、ダニエル、ヨエル、ヨナ、ザカリアの魂の内奥に眼を向けようと試みて下さい。この魂たちは何を求め、何をしようとしていたのでしょうか。本当にとらわれずにこの預言者たちの魂に学ぼうとしますと、ある特別な魂の力を魂のいとなみの表面に置き、別の魂の力を魂の奥深くへ押し込めようとしていることが分かってきます。すでにお話ししたように、ミケランジェロの描く預言者たちは、内的な平静の中で沈思しつつ坐しています。その預言者たちの魂が帰依《きえ》しようとしているのは、魂の地下の永遠なるものなのです。

ミケランジェロはその姿にシビラの姿を対置しています。シビラの中には大地の要素が作用して、あるシビラの場合は、髪が風になびき、青みがかった上衣にも風が吹きつけています。この風の影響の下でシビラは予言しています。別のシビラは内なる烈しい熱に捉われています。

独特な、確信を示す手振りの中に、この世の火の元素を見てとることができます。

そこでもう一度、シビラのことを取り上げてみましょう。彼女たちは地球環境の元素界からその魂の中に直接流れ込む力で生きています。魂の中に地球の諸元素の霊を取り込み、その霊の語る言葉を表現するシビラの力を、古代ユダヤの預言者たちは自分の中に認め、それを抑え込もうとしました。預言者の列伝を心を開いて読んでみると、預言者が――修行を通して――内なるシビラ的特質を抑制し、おもてに出て来られないようにしていることが分かります。

アポロンは、みずからピュティアのこのシビラ的特質の中に沈潜して、シビラを通して語ります。そうすることで、ピュティアのシビラ的特質を天上的なものに変化させるのです。預言者たちは自分の内なるピュティア的なものを抑制して、自我の明晰な力だけを育てようとします。大地と結びつき、大地に属している自我の力だけをです。自我は地質的要素の霊的対応物なのです。

シビラの特質を沈黙させ、内なる激情を鎮め、平静な心だけを働かせて、永遠なるものの根源に心を向ければ、内的平静の中で永遠なるものが自我の中で語り始めます。ユダヤの預言者たちはこのことを目指すのです。彼らの予言は、こういう魂の気分から生じるべきものでした。彼らは最高度に地質学にふさわしいものを魂の中に求めました。私たちがこれらの預言者たちの言葉に惹かれるのは、地質的要素が語っているように響いてくるからです。そうでないような彼らの言葉でさえ、そこに地質的要素があらわれています。預言者たちのまず言おうとしているのは、未来の王国のことですが、その王国がひとつの地上天国であることを、外的な様相が示しています。彼らはそのように地質の教えと深く結びついているのです。

キリスト教の初期にも、人びとがメシアの再来を期待するとき、預言者たちのこの地質的要素が働いています。メシアが雲から降りてきて、地上に天国を建設してくれますように、というのです。ユダヤ文化の輝かしい特質は、このように地質の教えとして受けとるとき、初めて理解できます。シビラの特質を抑制し、魂を無意識の深みへ誘うすべてを排して、自我の中に生きるものを発達させること、このことが預言者たちの願いであり、生徒たちへの教えでした。

他の民族の民族神との関係は、すべてユダヤ民族のヤハヴェとの関係とは異なっています。他の諸民族における神との関係は、あらかじめ決まっていました。なぜならその関係は、土星紀、太陽紀、月紀における高次のヒエラルキアの霊たちと人間との関係の余韻だったのですから。ユダヤ民族は特に地球紀に発達したものを育成しようとしました。

しかし、自我が神と関係を結ぼうとするとき、どのような現れ方をするのでしょうか。霊感として現れるのではありません。つまり魂に神的な力が浸透するような在り方を、道徳的にもするのではなく、――霊感ではなく、律法となるのです。十戒として知られる律法は、はじめてユダヤ民族の下で現れました。科学はもっと古い律法の存在――ハムラビ法典その他――について語っています。私はその議論を正当だとは認めていませんが、ここではこの点に深入りする余裕がありません。しかし、自我が直接神に向き合い、神からの規範、指示を得、自分の内的な意志によってそれに従わねばならないと思う、という意味での律法は、ユダヤ民族の下で初めて現れたのです。神が民と契約を結んだのも、ユダヤ民族が初めてです。他の神々は、常に魂の無意識に関わる力を通して働きかけます。

一方、アポロンがピュティアを通して働きかけてくるときは、まずピュティアに詣でる魂が心の準備をしなければなりません。そうできたとき、神がピュティアに向って語りかけるのです。ピュティアが無意識の中に沈潜するとき、そのピュティアの魂を通して、アポロンが語りました。それに対して、律法によって語り、民族と契約を結ぶヤハヴェ神は、魂の自我に直接語りかけてくるのです。異教の諸民族がユダヤ民族に影響を及ぼすと――このことはしばしば生じましたが――、この預言者たちはすぐに熱くなるのです。潜在意識の力がユダヤ人の中に入ってきてはいけないのです。すべては神との契約の下に、律法の原則の下にあるべきなのです。預言者はそのことに特別心をくばっているのです。

さて、ここでオカルト的な認識内容に眼を向けようと思います。これまで述べてきたことの解明のためにです。

昨日はレムリア期からアトランティス期に到る三重のキリストに言及しました。後にナタン系のイエス少年となる本性にキリストは三度浸透しました。けれども、この本性は地上に生を受けたのではなく、霊界に留まっていました。そのときに生じたことに眼を向けますと、こう言わざるをえません。——アトランティスで遂行されたことが東方へ流れていった、と。

例えば、預言者のひとりエリヤはどのような意味で、預言者なのでしょうか。彼のヤハヴェ神への仕え方は、三重のキリストの事実の余韻が魂の中に生きているような仕方でした。その魂には次のような思いが生きていました。——私は何をおいても、ヤハヴェの預言者だ。預言者として、後にゴルゴタの秘儀を遂行するキリストがヤハヴェの中に生きていることを告げ知らせなければならない。

キリストはアトランティス末期の第三の体験に際して宇宙の中に注ぎ入れた作用力を働かせています。エリヤはそのキリストに浸透されたエホヴァを告げ知らせました。キリストはエホヴァ、ヤハヴェ神の中に生きていましたが、そこでは残照のように生きていました。月が太陽の光を反射するように、ヤハヴェは後にキリストとして生きる本性を反射しました。キリストは自分の本性をヤハヴェもしくはエホヴァ神を通して現したのです。しかし、エリヤのような使者は、三重のキリストの事実の余波の下で働きました。エリヤはいわばナタン系イエスがはじめ霊的に西から東へ、諸文化を貫いて通っていき、そしてイエス少年のひとりとなって生まれたとき、そのナタン系イエスを取り巻いていたのです。

すべての民族のもとで、気象が地質と接触しました。その気象から生じたものが前触れのように現れました。キリスト教の発展にとって非常に重要となった地域で、このような前触れのひとつが現れたのです。小アジア、ヨーロッパのさまざまな土地で、ゴルゴタの秘儀というキリストの出来事を予告するような祭が祝われていたのです。アドニス礼拝、アッティス礼拝は、ゴルゴタの出来事の予言的先触れであったと解釈できるのです。しかし、こういう祭を見てみると、未来の出来事をまだ気象学的に表現していたことが分かります。

殺されて復活するアドニス神は、肉身に受肉したのではなく、この神の神像なのです。その神像は、アトランティス末期に霊的な高みでキリストに浸透された、あの天使存在（後のナタン系イエス少年）の像なのです。人びとはナタン系イエス少年の運命を、アドニス崇拝またはアッティス崇拝として祝ったのです。

そこで今、こう語ることが許されるでしょう。――聖書がイエス少年の誕生の地と定めているベツレヘムが、以前はアドニス崇拝の地でもあったのは、世界史のカルマだったのだ、と。このカルマという言葉の背後には、多くの意味が隠されていますが、アドニス崇拝の地のひとつだったベツレヘムでは、瀕死のアドニスと復活するアドニスとが祝われました。そしてその祭りによって、この土地に特別のオーラが用意されたのです。この地では、かつて霊界の高みにいた天使のヒエラルキアに属する存在が後に地上に降下し、ナタン系イエス少年となる、という思い出と予感がオーラとなっていたのです。

アトランティス末期にキリストに浸透された存在が思考と感情と意志の調和のために働いた行為が、アドニス祭の中で祝われました。そのアドニス祭の行われたベツレヘムの地が、ナタン系イエス少年の誕生の地になったのです。

愛する人智学の友人たち、以上の言葉は不思議な思いを私たちに抱かせます。私たちは三重のキリストの出来事を知りました。ゴルゴタの秘儀に先行する三つの出来事です。そのキリストが西から東へ、ゴルゴタの秘儀の生じた場所へ移ったのです。キリストはすでにエリヤを使者としてあらかじめ送っていました。そして、この使者が次に地上に生を受けたとき、洗礼者ヨハネとなったのです。洗礼者ヨハネはこのすばらしい関連を、はっきり語っています――「あの方は天使をあらかじめ派遣して、ご自分のことを告げ知らせた」、というのです。この天使とはヨハネのことでも、エリヤのことでもあります。エリヤに一層あてはまります。キリストは霊界の高みにとどまり続けて、エリヤという代表を地上に派遣しました。キリスト自身は地上を歩き廻ることがなく、天使をこちらへ送ってきたのです。ヨハネ、エリヤをです。常にこういう使者は、西から東へ移っていったキリストの使者なのです。

そして今、私たちが昨日から考察してきた、この、地球のために働くキリストは、ユダヤ民族の地質の教えに浸透するのです。地質の教えが、いわばキリスト化されるのです。私たちは地球の霊となったキリストを新しい仕方で感じとらなければなりません。そのために、キリストの力と地球の力とを区別できなければなりません。しかしそうするためには、この新しい地球の霊をそれまでの地球の力から引き離さなければなりません。このことは、地球のオーラがキリストの力に浸透され、地球そのものが今それによって別の何かになることによって生じました。ヤハヴェ神が解き放した力の中にキリストが入ってきたことで、この力そのものが何か別のものになったのです。

　以上のことをすべて展望するとき、ひとつのことに気がつきます。なぜ月桂樹がアポロンの象徴になったのかも理解できるようになるのです。神秘学の立場から植物学を学んだ人にとって、月桂樹は気象上の事情と深く関連している植物なのです。月桂樹は気象から形成され、育成されるのです。一方、オリーブの木はもっと大地と密接に結びついていて、いわば地質の事情をあらわしています。この植物に特徴的な油（オリーブ油）のもつ根源的な自然力をふまえて、オリーブの木が別の木を接《つ》ぎ木するのにもっとも適している植物だということに気がつくなら、オリーブの木が地上の油の力に深く浸透されているのを魂で感じることができるでしょう。オリーブ油の中には、地球の浸透力が脈打っているのです。

　そこで今、第二講で述べたパウロのことを思い出して下さい。パウロは、古代ヘブライ文化にキリスト教を、地質の教えとキリストの教えとを結びつける使命をもっていたのです。そのとき述べたように、パウロの活動は、オリーブの木の領域の中で展開されました。アポロンの言葉は、山の洞窟から立ち昇る蒸気の中で聴き取ることができます。アポロンはこの蒸気を通してピュティアに作用し、人の運命を叡智をもって語ったのです。一方、パウロは、オリーブの木を通して環境の中へ流れていく根源的な自然力をもって働くのです。パウロの根源的な魂の力は、オリーブの木の根源的な自然力に通じるものがあるのです。このことは、彼の言葉の中にも感じとれます。パウロはいわば樹木のオーラの中に樹木の根源的な力を感じとり、このオーラから霊感を受けるために、地質の教えに沈潜するのです。彼の活動はオリーブの木の地質の領域でなされるのです。

現代人は事柄をあまりにも抽象的に捉えます。古代の著述家たちの述べた事柄も抽象的に、現代の著述家たちの言葉と同じように、ただ脳で理解しようとします。ですから悟性や理性だけでなく、すべての魂の力が大地の根源状態と関連していることを考慮しようとはしていないのです。

パウロの活動地域は、オリーブの木によって特徴づけられます。まるでパウロは、ユダヤの地質の教えを自分の活動地域に取り込もうとしているかのように、キリストに充たされた人間とキリストから遠い人間との関係について、特別重要な発言をしているのです。その言葉は、オリーブの木が彼にもたらした熱狂によるものなのです。パウロの特別の言葉を抽象的に受けとるのではなく、その言葉の中に非ユダヤ文化圏のキリスト教徒とユダヤ人とを結びつけようとするパウロの熱意を感じとるとき、パウロのあの不思議な言葉の意味を深く実感することができるのです。――

さて、あなたがた異邦人に言います。わたしは異邦人の使徒であればこそ、この奉仕を尊び、なんとかして同胞に競争心を起こさせ、その幾人かでも救おうとしているのです。彼らが見すてられ、その見すてられたことが、世界と神との和解をもたらすのなら、そのことは、死者の中からの復活でなくて、なんでしょうか。

麦の初穂が聖なるものであれば、練り粉全体もそうです。根が聖なるものであれば、枝もそうです。しかし、枝のあるものが折り取られ、野生のオリーブであるあなたがその代わりに接ぎ木され、元の木の根から来る豊かな養分にあずかっているからといって、元の木の枝に対して誇ってはなりません。たとえ誇るとしても、あなたが根を支えているのではなく、根があなたを支えているのです。すると、あなたは、「枝が折り取られたのは、わたしが接ぎ木されるためだった」と言うでしょう。確かにその通りです。彼らは不信仰ゆえに折り取られましたが、あなたは信仰によってしっかりと立っています。しかし、思いあがってはいけません。むしろ、恐れなさい。神が、自然のままに生えた枝を惜しまなかったとすれば、あなたをも惜しむことはないでしょう。ここに神の慈《いつく》しみと厳しさがあります。倒れた者に対しては厳しさがあり、あなたがその慈しみにとどまっているかぎり、あなたに対しては神の慈しみがあります。もし、とどまらないならば、あなたも切り落とされるでしょう。一方、彼らも不信仰にとどまり続けないなら、接ぎ木されるでしょう。神は彼らを再び接ぎ木することができるのです。あなたは、もともと野生であるオリーブの木から切り取られたのですから、そして手を加えて栽培されているオリーブに接ぎ木されたのですから、まして、もともと栽培されているオリーブの枝であれば、どれほどよく再び元の木に接ぎ木されることでしょう。（「ローマ人への手紙」一一章二三－二四フランシスコ会聖書研究所訳）

パウロはそう語りました。

私は明日、パウロのことをもっと語るつもりです。彼は言うべきことをユダヤの地質学から取り出してきたのです。彼は大地から生じてオリーブの木の中で働いている自然の根源力を壮大な仕方で、言うべき事柄のための比喩にしたのです。

第五講

一九一四年一月一日

私はシビラの力について語り、シビラたちがイオニアにおけるギリシア哲学者の影のように現れることに注意するように、と言いました。シビラたちは数世紀にわたって、時には深い叡智を彼女らの混乱した魂のいとなみの中から取り出し、時には霊的な混乱そのものを表面に打ち出しながら、数世紀にわたって、外的な歴史が語るよりもはるかに深く、南ヨーロッパとそれに隣接する諸地域の精神生活を支配していました。

私が言おうとしたのは、シビラのこの独特な魂の表現が人間の魂の特定の力に眼を向けさせていることです。その力は、まだ第三後アトランティス期においては、良い働きをしていました。しかし、文化期は歴史の経過の中で変化していきます。シビラが時にはまったくナンセンスなふるまいをしていたときの力は、第三後アトランティス期という、星の叡智が人びとの魂の中に働きかけた占星学の時代には、まったく正しい、良い魂の力だったのです。シビラ主義の中で混乱して現れていた力が、当時は、星の叡智の働きかけによって調和されていたのです。

このことからも分かるように、この世のどこかで、例えばシビラの魂の中で働いている力は、それ自体、善でも悪でもなく、その現れ方次第で善にも悪にもなるのです。シビラの魂の中に現れたのは、まったく良き、正当な力だったのですが、第四後アトランティス期の魂にとっては、もはやふさわしくない力だったのです。

第四後アトランティス期になると、無意識の根底から立ち現れてくるような魂の力はもはや必要ではなく、魂の力は明確な自我を通して語りかけてくるのでなければなりませんでした。昨日述べたように、古代ヘブライの預言者たちは、シビラの力を抑え、明確な自我の力を育てようと努めました。実際、混乱したシビラの力を抑制し、自我を通して語ることのできる力だけを生かすことが、古代ヘブライの預言の本質的な特徴でした。

古代ヘブライの預言者の目指したものの実現、シビラの力を正しい軌道に導くという課題の実現は、キリスト衝動によってもたらされました。キリスト衝動が、私たちの知るような仕方で、地上の人類の進化のために働くようになったとき、はじめはシビラの混乱した力を抑制しなければなりませんでしたが、それは、ある流れが地下に入り込み、しばらく外界から姿を消したあとで、またふたたび地表に現れるのに似ています。キリスト衝動が地球のオーラの中に入り込んだあとで、キリスト衝動はこのシビラの力に純化した形態を与えたのです。ふたたび歴史の表面に現れるのにふさわしい形態を、です。私たちの魂の力が一日中活動したあとで、夜になると潜在意識の中に沈み、そして翌日ふたたび元気になって目覚めるように、第三後アトランティス期に正当であったこの力の場合も、いわばしばらく魂の地下に流れ込み、見えなくなり、そしてふたたびゆっくりと浮上するという経過が必要だったのです。もう一度言いますと、シビラの中で混乱した仕方で現れていた力、人間のこの正当な力が、キリスト衝動によっていわば浄化されるために、魂の地下に沈んだのです。人間の通常の意識では、キリストが魂の地下でこのシビラの力を浄化していることはまったく分かりませんが、事実はこのような経過を辿っていたのです。

キリスト衝動のこの働きかけは、霊的な眼で観察すると、壮大な演劇を見るようです。ニケア公会議以降、人びとの意識の表面では教義の制定をめぐって口論が続きました。人びとは意識の表面で争ったのですが、キリスト教のもっとも重要な内容は、意識下の魂の根底で生じるのです。キリスト衝動は、口論するときには、作用しません。地下で作用しています。人間の叡智は、意識の表面から見ると、奇妙としか思えないようなものをも実現しなければなりません。人間の魂の地下のいとなみに作用するキリスト衝動の徴候をもあらわにしなければならないからです。

西洋におけるキリスト教の流れを決定づけるのにもっとも重要な働きをしたものは、司教たちの口論だったのではありません。重要な歴史問題は、魂の地下のいとなみによって決定されるのです。しかし、夢が意識の表面に浮かび上ってくるとき、その夢を通して知覚できたものからでは、深層で生じたものの謎を解くことはできません。夢に見えるものもひとつの徴候にすぎません。西洋の歴史経過においてシビラ的な魂の力を正しい軌道にのせるために、キリストが魂の深層で企てたものも、夢のように徴候として現れていて、その事柄なら、歴史上見てとることができます。

　これから申し上げる事柄から、そういう徴候を見てとって下さい。三一二年一〇月二八日のことですが、コンスタンティウス・クロルスの子コンスタンティヌス大王はローマ郊外でマクセンティウスと戦い、全西洋におけるその後のキリスト教にとって非常に重要な決断を下したのですが、このときの戦いと勝利とは、非常に奇妙な仕方で生じました。

　愛する人智学の友人たち、コンスタンティウス・クロルスの子コンスタンティヌスとその宿敵マクセンティウスとの戦いは、軍の命令、指揮者の意識的な戦略によって決定されたのではなく、夢とシビラの記《しる》しとによって決定されたのです。三一二年一〇月二八日のこの戦いについては、コンスタンティヌスの軍勢がローマの門に押し寄せたとき、マクセンティウスが或る夢を見た、と言われています。その夢は、まだ門の内にいたマクセンティウスにこう語ったというのです――「お前の今いるその場所に留まってはならない」。

ご購読ありがとうございます。このカードは、小社の今後の出版企画および読者の皆様とのご連絡に役立てたいと思いますので、ご記入の上お送り下さい。

〈書　名〉※必ずご記入下さい

●お買い上げ書店名(　　　　　地区　　　　　書店　)

●本書に関するご感想、小社刊行物についてのご意見

※上記をホームページなどでご紹介させていただく場合があります。(諾・否)

●ご利用メディア

新聞 (　　　　)
SNS (　　　　)
その他
メディア名
(　　　　)

●本書を何でお知りになりましたか

1. 書店で見て
2. 新聞の広告で
(1)朝日 (2)読売 (3)日経 (4)その他
3. 書評で (　　　　紙・誌)
4. 人にすすめられて
5. その他

●お買い求めになった動機

1. 著者のファン
2. テーマにひかれて
3. 装丁が良い
4. 帯の文章を読んで
5. その他
(

●内 容

□ 満足　□ 不満足

●定価

□ 安い　□ 高い

●装丁

□ 良い　□ 悪い

●最近読んで面白かった本　(著者)　(出版社)

(書名)

㈱春秋社　電話 03-3255-9611　FAX 03-3253-1384　振替 00180-6-2486
E-mail : info-shunjusha@shunjusha.co.jp

料金受取人払郵便

神田局
承認

7173

差出有効期間
2024年11月30
日まで
（切手不要）

郵便はがき

101-8791

535

千代田区外神田
二丁目十八―六

春秋社

愛読者カード係

＊お送りいただいた個人情報は、書籍の発送および小社のマーケティングに利用させていただきます。

(フリガナ)
お名前　　　　　歳　　ご職業

ご住所　〒

E-mail　　　　　電話

小社より、新刊／重版情報、「web 春秋 はるとあき」更新のお知らせ、
イベント情報などをメールマガジンにてお届けいたします。

※新規注文書（本を新たに注文する場合のみご記入下さい。）

ご注文方法　□**書店で受け取り**　　□**直送(代金先払い)** 担当よりご連絡いたします。

書店名　　地区　　書名　　冊
　　　　　　　　　　　　　冊

マクセンティウスはこの夢の印象の下に行動しました。夢の印象は、シビラの書の中のシビラの言葉を調べたことで強められ、その結果――外から見て――、これ以上はないくらいの愚行を犯してしまったのです。すなわちマクセンティウスはローマを離れ、コンスタンティヌス軍の四倍も多い軍勢を率いて、ローマの壁の保護の下にではなく、その壁の外で戦いを挑んだのです。

なぜならシビラの書には、こう記されていたからです――「お前がローマの壁の外でコンスタンティヌスと戦うなら、お前はローマ最大の敵を滅ぼすであろう」。

この言葉は、シビラの神託のひとつでした。マクセンティウスは勇気と信念をもってその言葉に従い、ローマの門の外へ出ていきました。

かつて別のシビラの神託がリュディアの王クロイソスを導いたように、この神託はマクセンティウスを導きました。その結果、マクセンティウスは、ローマの敵である自分自身をみずからの意志によって滅ぼしたのです。一方、コンスタンティヌスは別の夢を見ました。その夢はこう告げました――「軍勢の先頭に立って指揮をとれ（彼の軍勢はマクセンティウスの軍勢の四分の一でしかありませんでした）。先頭に立って、キリストのモノグラム（組み合わせ文字）を掲げよ」。

コンスタンティヌスはキリストのモノグラムの旗を掲げて、そして勝利を収めました。ヨーロッパの情勢にとっての決定的に重要な決断が夢とシビラのお告げによって下されたのです。そこにはヨーロッパ人の魂の地下でいとなまれているものが映し出されています。本当に、山々の地下に消えた水の流れのように、キリスト衝動の流れはヨーロッパ人の魂の地下に流れ、そして作用するのです。はじめはオカルト上の事実となって作用するのです。

愛する皆さん、ここで告白をさせて下さい。私の霊学研究の過程で、ちょうどこのキリスト衝動の流れを辿っていたとき、何度も痕跡を見失ってしまったのです。そして、どこにふたたび現れるのかを探求しなければならなくなりました。キリスト衝動の流れはゆっくり現れ、私たちの時代にもまだ完全に現れてはいません。ただその存在を示すにとどまっているだけです。では、どこに徴候が現れているのでしょうか。それが問題でした。キリスト衝動はどのようにふたたび現れてくるのでしょうか。人間の魂が何かを意識化し始めるときのように、キリスト衝動が魂に働きかけるのは、どこにおいてなのでしょうか。

愛する皆さん、書物や連続講義での私のいろいろな論述を調べてみて下さい。皆さんにとっても、私にとっても、特に古い論述において、もっとも不十分なのは、私が聖杯という名と関連づけて述べた事柄なのです。今言いましたように、私にはそう思えるのです。そして皆さんもそうだと思います。私は何か正しくないことを言ったつもりはありませんが、私が聖杯の問題を取り上げたとき、私は自分で納得していなかったのです。私は確かな事柄を述べなければなりませんでした。しかし、私が今述べている流れの更なる歩みを、西洋のオカルト的＝キリスト教的な発展を探求していくと、しばしば私の心に次のような警告が聞こえてきたのです――「お前はまずパルジファルの名を正しい場所で読みとらなければならない」。

愛する皆さん、私の経験では、オカルト上の研究は奇妙な仕方で導かれるのです。私たちが思弁にふけることがないように、そしてオカルト上の真実に空想が混ざりやすいような領域に入り込むことがないように、オカルト研究に関しては、十分に時間をかけて、ゆっくりと歩まなければならないのです。そうすれば最後には真実が明るみに出るでしょう。そのときは、その真実がその真実を通して、正しさを納得させてくれるでしょう。

ですから私は、「パルジファルの名の記されているところを探せ」、という要求に応じるために、忍耐をもって待ち続けなければなりませんでした。

愛する皆さん、皆さんがご存知のパルジファル伝説を私もしっかり心に刻みつけていました。すなわちパルジファルは、聖杯の城から戻ってきたあとで、自分の犯した過ちから或る仕方で救われて、そして聖杯への道をふたたび見出します。そのとき彼に告げられるのです。「聖杯から彼の名が輝き出るであろう」、と。

ですから、彼の名が聖杯に記されているはずなのです。しかし、聖杯はどこにあるのでしょうか。どこに見出せるのでしょうか。それが問題でした。こういうオカルト上の研究にあっては、しばしば先へ進めなくなります。ですから一日と言わず、一年の間、いたずらに思弁にふけって真実を見失うことがないように、あまり先へ進まずにいなければならないのです。そうすれば転機がおとずれます。私の場合も、「パルジファルの名が聖杯上に記されているのをどこに見出せるのか」という問いの答えを求めて、多くの年月が経過する中で、やっと転機がおとずれたのです。

聖杯にはいろいろな意味があるのを私も知っていました。聖杯の中にはホスチア、つまり丸形のウエハースもしくはオブラートが入っています。そして聖杯そのものには「パルジファル」の名が記されているというのです。私はまた、マルコ福音書第四章一一－一二と三三－三四のような箇所では、主イエスが多くを比喩で語ったあと、少しずつその意味を解釈した、と述べられています。この箇所にどれほど深い意味が込められているかということにも気づいていました。これています。オカルト上の研究でも、しばしばカルマの導きに従って、段階を追ってゆっくりと導かれるのです。そして霊界から来る働きの影響の下に、いつ大切なメッセージが自分の前に現れるのかをまったく知らずにいます。なんらかの大切な事柄に関わるメッセージなのに、です。

オカルト的世界の深みから生じる何かが、何年も追求してきた問題に関わりがあることを、私たちはしばしばまったく知らされずにいるのです。私もノルウェーの民族霊にパルジファルのことをたずねたとき、そして北方のこの民族霊が、「私の力を通して北方のパルジファル伝承ガンガンダ・グライダ〔遍歴する清涼剤のような意味——訳者〕の中に流れた言葉を理解しようとしなさい」と言われて、途方にくれたことがあります。私にはどうしたらいいのかさっぱり分かりませんでした。

同じように、あるとき、ローマのサン・ピエトロ大聖堂から、あのミケランジェロの作品の印象の下に出てきたときも、どう考えたらいいのか分かりませんでした。それは入ってすぐ右側にあるピエタ像のことですが、まだ若い姿の母がすでに死んだイエスをひざに抱きかかえているのです。そして、その印象の余韻の下に、ヴィジョンというよりは霊界から生じた真の霊視内容として、アカシャ年代記に記された像が浮かんできたのです。その像はパルジファルが初めてグラールの城を訪ね、城を支配している秘密について何も尋ねることなく、城を去ったあと、森の中で若い女と出会ったときの情景でした。この女は花婿を膝に抱いて、その死を嘆き悲しんでいます。

しかし、愛する皆さん、私はこの像が母であれ、花婿と死別した若き花嫁であれ（しばしばキリストは花婿と呼ばれます）、私の求める意味をもっており、私から何も付け加えなくても、そこに示されている関連そのものが意味をもっているのを私は知ったのです。

パルジファルの名が記されている聖杯はどこにあるのか、という問いへの答えを求めていた私が出会った徴候は、もっといろいろ数え上げることができます。パルジファルの名が聖杯上に記されているということは、伝承そのものが語っています。そこで今、パルジファル説話のもっとも重要な物語の流れをひと通り想い起こしておきましょう。

　パルジファルは父親が去っていったあとで、母ヘルツェライデから生まれました。母は大きな悲しみの中、夢のような諸現象を体験しつつ、特別な仕方で彼を生みました。母は騎士の修行と騎士道精神からわが子を守ろうとしました。彼女は自分の領地を管理人の手にゆだねて、孤独の中に引きこもり、わが子の中に生きているものからわが子を引き離して育てようとしました。わが子を父と同じような危険に晒《さら》すことだけは避けたかったのです。

　子は幼い頃から自然の壮麗さに眼を向けるようになりました。そして、母の教育はひたすら神を讃美することに向けられていましたから、子は常々、この神に仕えようと思っていました。けれども、神のことは何も分かっていませんでした。ですから、たまたま騎士たちに出会ったとき、騎士たちを神だと思い、思わずひざまずいて挨拶しました。

　あとで騎士たちを見たこと、自分も騎士になりたいと思っていることを母に打ち明けましたので、母は仕方なく、子に道化の着物をきせて送り出しました。少年は母の許を離れ、いろいろな冒険を生きぬきました。のちに母は——センチメンタルだと思う人もいるでしょうが、この上なく深い意味をもっていることなのです——、子を失った失意から死んでしまいます。子は別れに際して、ふり向いて挨拶しようともせず、ひたすら騎士の冒険を願って去っていったのです。少年は旅を続け、騎士道を学び、見事な腕前を発揮して、聖杯の城に到りました。

別の折に申し上げましたが、パルジファルが聖杯の城に到るときの文学上最上の描写は、クレティアン・ドゥ・トロワの作品に見られます。パルジファルは長い迷いの道を経て、ある淋しい土地に来ます。そして二人の人に出会うのです。ひとりは小舟を漕ぎ、もうひとりは舟の中で釣りをしています。

パルジファルは人びとにたずねて、漁夫王のところに到ります。グラール城の漁夫王と出会うのです。漁夫王はすでに高齢に達していて、衰弱し、ベッドに横たわっていましたが、談話中に自分の姪の贈りものだという剣をパルジファルに手渡します。そのとき、広間に槍を持った近習の若い騎士が現れます。その槍からは血が流れていました。血はその近習の手にしたたり落ちました。次いで、ある乙女が一種の器のような聖杯を手にして現れます。けれども聖杯の中は光輝いていて、まるで太陽と月の光が星々の光を覆うように、その光が広間のすべての光を覆ってしまいます。

次いで私たちに知らされるのは、この聖杯に盛られているものが或る特別な部屋にいる漁夫王の父君の食物であること、そしてこの父君が、漁夫王とパルジファルの食事のために供される豪華な料理を少しも摂ろうとはしないことです。漁夫王もパルジファルも地上の養分を摂らなければなりません。けれども新しい料理が供されるたびに、ふたたび聖杯が横を通って漁夫王の父君の部屋に行くのです。父君は年老い、聖杯の中のものだけから養分をとっています。

パルジファルは、あまり多くのことを訊きたがったりしてはいけない、というグルネマンツが途中で与えてくれた教えに従って、なぜ槍から血がしたたり落ちるのか、聖杯という深皿が何を意味するのかを問おうとしません。もちろんパルジファルはグラールという言葉も知りませんでした。そのあと彼は——クレティアン・ドゥ・トロワに出ているように——、これまでのことすべてが生じた同じ部屋で眠りました。翌朝、訊きたいことを訊こうと思っていました。しかし朝になると、城全体ががらんとして、人ひとりいませんでした。「誰かいないのか」と彼は叫びましたが、誰もいません。彼は身仕度を済ませました。下には自分の馬だけが出発を待っていました。みんなは狩りに出かけたのだろうと思って、聖杯の奇蹟のことをよく訊くために、あとを追いました。

けれども、はね橋を通ったとき、橋が急にはね上がったため、馬が堀に落ちないように反対側にとび降りてしまいましたので、パルジファルは前日、城中で出会った一行の誰にも会えませんでした。

クレティアン・ドゥ・トロワはさらに物語を続けます。——パルジファルが馬に乗って先へ進んでいきますと、淋しい森の中で女が男を膝の上に抱いて、泣いていました。この女は、クレティアン・ドゥ・トロワによれば、パルジファルに、城内で問うべきだったことを初めて説明してくれたのです。彼女はパルジファルの眼の前に現れた偉大な秘密について語り、彼が問わなかった結果、その秘密に関与することができなかったのだ、と言います。

パルジファルはその後もいろいろ間違った道を行かなければなりませんでした。そして、聖金曜日に、トルヴェリサンという隠者のところに行きます。この隠者はパルジファルにこう語ります――「あなたは人びとから恨まれている。なぜなら漁夫王を救うことができたのに、そのために必要なこと、城のいくつもの奇蹟について問うことを、あえてやろうとはしなかったのだから」。そしてさらに、もっといろいろなことも教えてくれました。

さて、私［シュタイナー］に、ひとつの言葉の意味が明かされたのは、私が隠者のところへ赴くパルジファルを霊視しようと試みたときでした。私はその言葉を霊学研究に従って語ろうと思いますので、この言葉は文献のどこにも出ていません。しかし、まったくの真実としてお話しできると信じています。老隠者がパルジファルに語ったその言葉は、深い印象を与えてくれました。この言葉の語られる前、隠者は、聖金曜日に来たパルジファルがゴルゴタの秘儀のことに無知だったのを知って、この秘儀の意味を学ぶように促しました。

そしてそのとき、隠者はひとつの言葉を発したのです。隠者はこう言ったのです（私は今、こんにちの言葉で述べますが、意味は完全に忠実に再現しています）――「ゴルゴタの秘儀に際して何が生じたのかを考えなさい。十字架上のキリストに眼を向けなさい。キリストはヨハネにこう言ったのだ。今からこの人がお前の母だ、と。そしてヨハネはこの女性の許から離れなかった。しかし、お前は母ヘルツェライデの許を離れた。お前の母はお前のせいでこの世を去ったのだ」。

パルジファルは関連をすべて理解したのではありませんでしたが、この霊的な意図をもって語られた言葉は、パルジファルの心の中にイメージを呼び起こします。母の許を離れなかったヨハネのイメージによって、母から離れたことに対するカルマを意識させるために、言葉がイメージとなって魂の中で働きかけるのです。

この言葉はパルジファルの魂に深く働きかけました。パルジファルは隠者の許に少しの間だけ留まり、すぐにまた聖杯への道を求める旅に出るのです。

彼がふたたび聖杯に出会うのは、漁夫王である老アムフォルタスが死ぬ直前のことでした。そのとき聖杯の騎士たちが彼のところに来て、こう言います――「あなたの名が聖杯上に輝いています。あなたこそ、未来の支配者、聖杯の王なのです。なぜなら、あなたの名が聖なる器《うつわ》から輝き出たのですから」。

パルジファルは聖杯王になるのです。ですからパルジファルの名が、黄金に輝く聖なる器に現れたのです。この器の中には、聖餅《ホスチア》が入っています。その器にパルジファルの名が現れたのです。

さて、私は聖杯を見つけるように試みなければなりませんでしたが、はじめ私は間違った道へ導かれました。愛する皆さん、ある事情によって惑わされたのです。私はこう言うことで、不遜な態度をとるつもりはまったくありませんが、オカルト研究に際しては、直接オカルト上の資料から現れるものに注意するだけでなく、深刻な問題を扱う場合には、外的な研究の成果をふまえることも必要であるように思えました。ある問題を追究するとき、いつでも良心的な態度で外的な知識が語るすべてをも顧慮することが求められているのです。そうでないと、いわば大地にしっかりと立つことができず、いわば夢想の国の住人になってしまうからです。

ところが、この顕教上の知識が私を迷わせたのです。まさにこの学問が明るみに出した事柄によって、もうかなり前のことですが、私は正しい道から離れさせられたのです。なぜなら、この顕教上の研究が教えていたのは、ヴォルフラム・フォン・エッシェンバッハがパルツィヴアルを詩作し始めたとき、クレティアン・ドゥ・トロワとキュオトなる人物とを利用したというのですが、このキュオトは外的顕教的研究によっては確めることができず、それゆえヴォルフラム・フォン・エッシェンバッハの創作ではないかと思われていたのです。いわばヴォルフラム・フォン・エッシェンバッハはクレティアン・ドゥ・トロワの中に見出したものに多くのことを付け加えたいために、別の資料を見つけ出したかのようなふりをしたのだ、と言うのです。キュオトがクレティアン・ドゥ・トロワの著作の剽窃者であるとか、ヴォルフラム・フォン・エッシェンバッハがこの問題を空想的な仕方ででっち上げたとかというのなら、外的な科学も承認しようとするでしょう。

この外的な研究は人をどこへ導くのでしょうか。あのキュオトへ導く道から人をそらそうとするのです。実際、キュオトは外的研究によってヴォルフラム・フォン・エッシェンバッハの創作だとされています。私が外的研究を通して間違った道へ導かれたその同じときに（これもカルマの働きなのですが）、別の認識が私の心に生じました。そのことをこう表現したいのです。すでに『神秘学概論』や連続講義の中でたびたび述べたことなのですが、後アトランティス期は、ゴルゴタの秘儀の前、第四後アトランティス文化期の前に生じたことが、その後の文化期にふたたび現れてくるのだ、と。

ですから、第三後アトランティス期はまず私たちの第五後アトランティス期にふたたび現れます。第二後アトランティス期は第六後アトランティス期に、第一文化期という聖仙たちの時代は第七文化期に現れるのです。

長年の研究の成果なのですが、実際、私たちの文化期において、キリスト衝動に導かれたときと同じ仕方で、第三後アトランティス期の占星術が甦えることが、私にはますます明らかになってきたのです。こんにちの私たちは、当時の星の研究とは別の仕方で星を研究しなければなりませんが、しかし星の文字が、私たちにも何かを語るのでなければなりません。そこで皆さん、実に独特な仕方で、星の文字の思想（占星術）とパルジファルの秘密の思想とが結びついたのです。

この二つが互いに関連していることを信じないわけにはいかなくなったのです。愛する皆さん、そのときひとつのイメージが私の心に浮かびました。パルジファルがトルヴェリサンを通してふたたび聖杯の城へ赴くさまを心の中で思い描こうと試みたとき、このイメージが思い浮かんだのです。隠者との出会いは、クレティアン・ドゥ・トロワによって、心を打つ美しい表現で描かれています。パルジファルがどのように隠者のところへ行ったのかを描いている箇所の一部分をここで読んでみようと思います。――

> そしてペルスヴァルは道を進んだが、心から深く溜息をもらした。何となれば自分は大いなる罪を、神に犯したと感じ、大いに後悔していたからである。泣きながら林の中を通りぬけた。そして庵まで来ると、馬を下りて具足を脱ぎ、馬をクマシデの幹につなぎ、それから隠者の住まいの中へ入っていった。
>
> 小さな礼拝堂の中に、隠者を見出した。ペルスヴァルは隠者の前に跪《ひざまず》いた。涙があごのところまで、つたいおちていた。子どものようにすなおな気持ちで両手を合わせ、懇願し

た。

「わたしの告白を聴いて下さい。なんと五年もの間、わたしは自分を見失っておりました。神を愛さず、神を信じませんでした。ひたすら悪をのみ為《な》しておりました」

「聞かせていただきたい。何ゆえそんなことをなされたのかを。そして神に祈られよ、罪人の魂を憐み給うように」

「漁夫王の館に一度わたしは赴き、槍の穂先が、疑いもなく、血を流すのを見ました。そしてその血の滴が、白銀の刃の尖端に結ぶのを見ながら、何ひとつ質問をしなかったのです。以来、わたしは全く、改悛しませんでした。また、わたしが目にした聖杯についても、それで誰に食事が供されるのかを知らないのです。そんなわけで、以後、わたしは大変に心嘖《さいな》み、いっそのこと死んでしまいたいと思い、それで神さまのことも忘れたのです」

「言うがよい、そなたの名は何という？」

「ペルスヴァルです、御坊様」

これを聞いて、老人は溜息をついた。その名を知っていたからである。

彼は言った。

「おまえに災いをもたらしたのは、おまえが全く知らずにいることによるのだ」

（天沢退二郎訳――一部省略）

隠者とパルジファルの対話は進み、先程述べた内容になるのです。それから私は心の中で、パルジファルが隠者のもとを辞してふたたび聖杯のところへ赴く様子を辿ろうと試みました。そのときしばしば私が感じたのは、パルジファルが昼も夜も馬上で進み、昼は自然を、夜は星空を眺めながら、まるで彼の無意識の中に星の文字が語りかけたかのように、そしてこの星の文字が、後に聖杯の騎士が彼に語った「あなたの名が聖杯から輝き出ています」の予告であるかのように、輝いたように私には思えました。

けれども、パルジファルは星の光から何も受けとれませんでした。なぜなら、星の告知は彼の無意識の中に留っていたのですから。ですから霊学的な研究によってどれほど内部に沈潜しようと試みても、正しく解釈することはできないのです。

それから私はキュオトに立ち戻ろうと試みました。そうしたら、ヴォルフラム・フォン・エッシェンバッハのキュオトについて述べたことの特にひとつが、私に深い印象を与えたのです。そのことを私はガンガンダ・グライダと結びつけないわけにはいきませんでした。おのずと結びついたのです。私はまた、死んだ花婿を膝に抱いた女の姿とも結びつけないわけにはいきませんでした。それは私が何も求めたわけではないのに、キュオトについて述べられたこの言葉に出会ったときのことでした。その言葉はこうです――「グラールと呼ばれたもののことが分かった」。

私たちは顕教的な研究によって、キュオトがどのようにしてこの言葉を語ったのかを知ることができます。キュオトはスペインのフレゲタニスの書いた本を手に入れたのです。占星術の本です。疑いもなく、キュオトはフレゲタニスの影響を受けています。キュオトはフレゲタニスの名をあげていますし、星の文字の知識も身につけています。キュオトはこの甦えった占星術の影響を受けて、グラール（聖杯）と呼ばれるものを見たのです。そのとき私は確信したのですが、霊学的に研究すると、キュオトは少くとも聖杯を見たことがあるのですから、その彼が重要な事実を明らかにしていることは疑う余地がないのです。

それでは聖杯はどこにあるのでしょうか。パルジファルの名が記されていることが分かるような聖杯はどこに見出せるのでしょうか。皆さん、私の研究の過程で明らかになったのは、聖杯は星の文字の中に求めなければならない、ということです。まずその名前を、です。まず名前を星の文字の中に探し求めなければならないのです。

ある日、私にとって特に重要だと思われることが生じました。黄金に輝く杯がどこに見出せるのかが分かったのです。その杯が星の文字という象徴文字によって表現されているところで聖杯の秘密に導かれることが、です。

実際、星の文字として、誰でも見ることのできるものを私は見たのです。ただ誰もはじめは聖杯の秘密だと思ってはいないのですが。実際、私はある日、黄金に輝く三日月を見守っていたとき、暗い月がその中で大きな円板のように、かすかに見えたのです。ですから外的、物質的に、黄金に輝く月——ガンガンダ・グライダ（さまよう聖体）が見えたのです。そしてその中に大きな聖餅が、暗い円板が見てとれました。ただ表面的に見ているだけでは、三日月のこの暗い円板は見えませんが、よく見ると、見えるのです。そしてその暗い円板を見ると、オカルト文字のすばらしい活字体で、三日月の上にパルジファルの名が見てとれたのです。

愛する皆さん、これが星の文字なのです。事実、正しい光で見れば、星の文字の解読は、私たちの心と感覚にとって——まだすべてではないとしても——パルジファルの秘密、聖杯の秘密の何かを現しています。それについてもっと申し上げたいことは、明日お話しするつもりです。

第六講

一九一四年一月二日

昨日は聖杯の秘儀について、そしてそれに関わる事柄についての本質をお話ししようと試みました。探求する魂にこの問題がどのように切実なものになるのかをはっきり申し上げたかったのです。探求する魂が霊界認識の成果を見出す前に、経験しておかなければならないさまざまな事柄も取り上げました。

もちろん非常に表面的なものになった近代心理学がこういう記述を読むと、きっとあれこれと、ありうる、またはありえない問題を取り上げて非難することでしょう。こういう立場からはどんな疑念が提示されるのか、私はよく承知しています。いろいろな法則、概念関連、または無意識の心理について、奇妙な主張がなされているのです。けれども一度率直に、意識してこういうすべてについて述べたかったのです。というのは、愛する皆さん、霊学に必要な認識の成果は、昨日言ったように、妨害となるすべての事柄を克服したあとで、初めて得られるのですから。そのことをはっきりと知っておくのは、皆さんにとって重要なことなのです。

そして霊学の究極の成果は、生命のいとなみにとって非常に大切なものですけれども、この成果は、人が思うような、概念の組み合わせからでは得られません。概念は、究極の成果への導き手のようなものなのです。この成果そのものとは何の関わりもないのです。

このことをあらかじめ申し上げたいと思ったのは、最近の出版物が示しているように、私たちの連続講義のような印刷物でさえ、部外者の手にも入り、部外者によって考えられないようなひどい論評が繰り返してなされているからです。そういう場合、よく見られるのは、特定の事柄を全体との関連から抜き出して、そこだけを引用することです。実際、下世話な言い方をするつもりはありませんが、私たちの人智学運動を攻撃することで有利な立場を得ることができると思っているようなのです。しかも今の時代は、そのためのいろいろな手段さえ用意されているのです。

文字が天空に記されている、と申しましたが、その文字は聖杯そのものではありませんし、聖杯そのものの図像でもありません。はっきり申し上げたように、——どうぞこのことを真剣に受けとって下さい——聖杯の名前が文字によって天空に記されているのであって、聖杯そのものがそこにある、というのではありません。私が示そうとしたのは、天空の光輝く鎌形の月の中に、よく見れば誰にも見てとれるように、残りの月の暗い部分が現れており、鎌形の明るい部分はこの暗い部分によって区切られている、そしてその暗い部分に、オカルト文字で、パルジファルの名が現れている、ということでした。

　そこで私たちは、この考察をさらに推し進めて、天空のこの形象を解釈するつもりですが、そうする前に、ひとつの重要な法則、重要な事実に眼を向けなければなりません。黄金色に輝く鎌形が生じるのは、物質界で太陽光線が月を照らすからです。太陽がここから輝くと、月のこの側面が照らされます。そして、照らされた部分が黄金色の輝く杯となって現れます。

　その杯の中には暗い聖餅《せいへい》（ホスチア）があります。物質としては光に照らされずにいる部分です。この暗い部分には太陽の光が届いていませんが、しかし、霊的にはそうではありません。月の物質の中には何かが浸透しているのです。その浸透しているのは、太陽の光の中に生きている霊的なものです。太陽の霊的な力は、太陽の物質的な力のように反射されるのではなく、その力は浸透するのです。浸透して月の力と結びつき、それによって、まさにこの黄金の杯の中に、本当に太陽の霊的な力が見てとれるのです。

　もう一度言えば、私たちの眼に見える夜空の月の暗い部分の中に、太陽の霊的な力が見てとれるのですが、黄金色に光輝く杯の部分には、太陽の物質的な力が見えます。その力は反射された光線の力です。一方、太陽の霊は太陽の物質的な力の杯の中に、月の杯の中に存在しています。

そして今、この太陽霊並びにその霊とキリストとの関係について述べてきたことのすべてをまとめて考えますと、月の物質的な作用がひとつの重要な象徴のように見えてきます。月が太陽の光を反射して、黄金色に輝く杯を生じさせることによって、月が私たちには太陽霊の担い手となって見えていますが、その太陽霊自身は聖餅のような円板形をして、その杯の中に存在しているのです。

そこで思い出してください。パルジファル伝説においては、毎年、復活祭前の聖金曜日に聖餅が天から降りてきて、聖杯の中に入り、若返りの養分となることが強調されています。――復活祭の折に、あらためてパルジファルも、聖杯に向かうように隠者に示唆されます。――ヴァーグナーも《パルジファル》の中で、聖杯にとっての復活祭の意味を、人類のためにふたたび明らかにしてくれました。

さて復活祭は、ご存知のように、ある古い伝承に従って決められています。その伝承は、昨日述べたように、魂の地下で生じるキリスト衝動の作用のひとつとして伝えられてきたのです。いったい復活祭はどんな日と定められているのでしょうか。春の太陽が、つまり力を増加させつつある太陽が――キリストの象徴である春の太陽が、春の満月を迎えた後の日曜日がその日に定められています。いったい春の満月と復活祭との間にどんな関係があるのでしょうか。月は復活祭に向けてどのような姿で天空に現れるべきなのでしょうか。

月は満月以後になると、少くとも少しだけ鎌形になり始めなければなりません。そうすればこの暗い部分が、春の力を得た太陽霊の存在が少しなりとも見えてきます。ですから、古い伝承によれば、復活祭には聖杯のこの姿が天空に現れなければならないのです。そうでなければならないのです。ですから誰でも復活祭には、聖杯の姿を見てとることができます。太古の伝承によれば、復活祭の日は、そのようにして決められたのです。

さて、パルジファル伝説に関わるすべてはどのようにして生じたのでしょうか。それについてさらに考えてみましょう。このことは魂のいとなみの地下に生じる経過にも関連しています。すでに昨日述べたように、シビラの中に現れる力は、やわらげられて、キリスト衝動を受容しなければなりません。シビラの力が近世以降の霊的文化の担い手になるために、そのようなやわらげられた形でふたたび現れてこなければならないのです。

ペルスヴァル――クレティアン・ドゥ・トロワではそう呼ばれています――は、自分の内部の、いわば魂の地下に働くキリストの力を聴き取ることができたのでしょうか。そう問いかけてみましょう。

ここでもう一度、古ヘブライにおける地質学に眼を向けますと、ひとつのことが繰り返して私たちの前に現れます。古ヘブライの時代は、その啓示が地質の性質にしっかりと結びついていました。このことをふまえるときにのみ、私たちは古ヘブライの地質の時代霊を理解できるのです。

この連続講義の中で述べたように、古ヘブライの諸啓示は、大地の働きの中に、大地の霊的な可動性の中に求められなければなりませんが、その場合、四大の中から星に由来する働きを遠ざけ、そうすることによって、星の影響を四大から遮断し、シビラの力を霊的に目覚めさせようとするのです。第三後アトランティス期の占星術においては、星の影響はまだ正当な働きでした。当時の人類はまだ古い霊性の遺産の多くを持っていましたから、四大を魂の中に作用させることで、星の啓示を受けて、星の善き力を取り入れることができましたが、第四後アトランティス期になると、星の力はいわば四大から遠ざけられました。四大は大気その他となって大地を取りまき、大地を包み込むのです。四大の影響は、時代の霊的な意味を理解した人によって、特に第四後アトランティス期になればなるほど、以下のように感じとられるようになったのです――「星から四大に働きかけてくるものに用心しなければならない。なぜならこの働きかけは、不正なシビラの力のように働きかけてくるのだから」。

キリスト衝動が大地のオーラに注ぎ込まれたことによって、シビラの力はふたたび調和され、ふたたび正しい啓示を生じさせることができるようになりました。古代ヘブライの知者は、霊的な啓示を受けようとしたとき、星を見上げようとはしませんでした。地球の進化、発展のために働く月の神となったヤハヴェ神だけを奉じたのです。ですから『神秘学概論』で述べたように、ヤハヴェは月の神の役を引き受けたのです。

ユダヤの月の祭りの中には、地球の神の働きが象徴的に月から輝いているのがはっきりと表現されています――これが古代ヘブライの学徒に対する態度だったのですが――「もっと光へ行こうとするな。ヤハヴェが月という象徴の中で啓示なさることで満足しなければならない。それより先へ行こうとするな。月の象徴があらわすもの以外を四大から受けとろうとすると、不正なシビラの力を受けとることになってしまう！」

土星紀、太陽紀、月紀に由来するものが地球紀のために伝えられてきましたが、その伝えられたすべては、古代ヘブライの「エヴァ」という言葉で象徴することができるでしょう。エヴ――母音はその際、はっきり発音しません。エヴです。この言葉を古代ヘブライのあの神的本性、地球の運命の導きの神の名に結びつけてみると、イエヴ――ヤハヴェになります。これが月が象徴する地球の導きの神の名なのです。月紀に由来するもの、地球紀のための月紀の成果と結びつけて、こうも言えます。――月紀の成果を力として持っている地球（母なる大地）と結びついた地球の主こそが、ヤハヴェなのだ、と。

ですから、古代ヘブライからは月の神秘的な力が伝えられました。その月の力の残滓が天体としての月の中に残され、そして同じ力が人間の中では女性的要素として残されていたのです。また、地球の主と月の母との結合が、私たちにヤハヴェという名となって伝えられています。

そこで二つの事実を皆さんの魂の前に提示したいのです。この二つは、シビラの力がキリスト衝動の影響によって、魂の無意識の深みの中でどのように変化したかに、注意を向けさせてくれるはずです。私は三年前に——ほとんど数日も違わないくらい、ちょうど三年前に、ある人物について述べたことがありましたが、ここでもその人物のことを、いわばキリスト衝動の影響で変化したシビラとして語りたいのです。『オカルト史——霊学の光で見た世界史上の人物と事件』というタイトルで印刷されている講義録の中で、オルレアンの乙女のことを取り上げました。そのとき私が申し上げたのは、オルレアンの乙女がキリスト衝動に由来する霊感の下に行った行為が、その後のヨーロッパの運命に決定的な影響を及ぼした、ということでした。その霊感は一四二八年秋から始まりました。当時のオルレアンの乙女の働きがなかったら、ヨーロッパの運命はまったく別の方向へ行ったに違いありません。アナトール・フランスのような、偏見に充ちた唯物論者だけが、当時の歴史に介入した神秘的な事実の存在に反対できるのです。

歴史書の中に容易に読むことのできる事柄を、ここで繰り返そうとは思いませんが、あのときの連続講義で述べたように、オルレアンの乙女の中には近代のシビラとでも言えるような姿が現れているのです。第五後アトランティス期になって、一五世紀は、キリストの力が無意識的な魂の根底からますます立ち現れてくる時代を迎えていました。その時期を生きるオルレアンの乙女のシビラ力は、実に優しく、繊細に、人間の魂のもっとも高貴な部分に関わってくるように思えます。

今回もあのときに引用した手紙を読もうと思います。出来事に直接関わった人物の手紙です。この手紙を読むと、オルレアンの乙女のシビラ性がそのための感受性をもった人たちにどんな印象を与えたのかがよく分かります。オルレアンの乙女が解放した王の側近であるこの人物は、オルレアンの乙女が成し遂げたことを述べたあとで、こう書いているのです。――

> 乙女（オルレアンの）はこういう多くのことを成し遂げました。これからも神の加護の下に、さらに偉大なことを成し遂げることでしょう。この少女は優美さと男っぽさとを兼ねそなえています。口数は少なくても、すばらしく賢い人です。人の前で話すときは、好ましい、女らしい声で語ります。食事は控えめですが、ワインを飲むのは、もっと控えめです。彼女は立派な馬と武器を好み、武装した貴人たちをとても愛しています。大勢の人と一緒になって話すのは好みません！　しばしば激しく涙を流しますが、快活さを好み、どんなハードな仕事も引き受けます。武器を身につけることでも我慢強くて、六日間、夜も昼も完全に武装したままでいたりするくらいです。イギリス人にフランスにいる権利などない、と彼女は言います。だからこそ神は、彼女の言うように、イギリス人を追いはら

うために、彼女を送って来られたのです。けれども神がそうなさったのは、予め警告を示された後になってからでした。

彼女は王様に最高の敬意をあらわしています。王様は神に愛され、特別の加護を受けておられるから、王位を保ち続けることができる、と彼女は言います。王様の甥になられるオルレアン公について、無事に解放されるだろう、と言っていますが、公が解放されるのは、公をとらえたイギリス人に、公を解放するようにと予め警告してからだというのです。

閣下、今、これまで以上にすばらしいことが起きています。この手紙を書いております間にも、この乙女はすでにシャンパーニュのランス地帯にまで兵を進めました。王様はこの地へ、神の立ち合いの下に塗油式と戴冠式を行うために、急いで出立されました。至上にして最強なる閣下、神が閣下を守護し、閣下の願いをかなえて下さいますように。心からの挨拶と共に。

ビテロミスにて六月二一日

フランス国王オルレアン公顧問官、ボンラニント領主

ペルシヴァル（ベリー出身）

ペルシヴァルなる人物がオルレアン公に宛てて乙女のことをこう書いているのです。このペルシヴァルの書簡を読むと、ここにキリスト化されたシビラのことが記されているのだ、と思わずにはいられません。

　以上がひとつです。もうひとつ、注意を向けたいのは、第五後アトランティス期に生じた別の事実です。当時、新しい時代を深く感じとることのできた人物の書物についてです。この人物は、いわば無意識に、今、古い占星術が新しいキリスト教化された姿で甦る時代に来た、と感じとっていました。この時代にキリスト衝動に突き動かされて、星々を見、その星々の霊文字の意味を読みとろうとしたのです。

　この人物は、すぐに申し上げますが、地球が今日の唯物論的な地学が教えるような、物質的、鉱物的なものにとどまらないのを深く感じとっていました。地球は生きものなのだ、と感じていました。すなわち地球は、こんにちの唯物論者が信じさせようとしているような物体であるだけでなく、魂をもった何かなのです。私の言う人物は、こんにちの霊学がまだなかったので、はっきり言うことはできませんでしたが、こう感じとることを知っていました。――キリスト衝動は地球の魂によってそのオーラの中に取り込まれた。そして地球オーラの中にいるのを魂で感じ、地球オーラの中のキリスト衝動を共に感じとることのできる人は、星の中に書き記されているものをふたたび仰ぎ読むことができるのだ、と。

実際、彼はそう仰ぎ読んだのです。こういうアプローチの仕方が多くの迷信を生じさせ、迷信にとらわれた占星術師たちが当時大勢現れたのですが、近世の霊的生活と深く結びついたこの人物は、こう語ることもできたのです——

地球の内部にも表面にも見られる数限りない現象、その変化の過程は規則的であり、計量可能であって、盲目的な原因に帰することはできない。諸惑星そのものは、みずからの発する光線が地上にどんな角度で射し込むのか何も知らないけれども、地球は魂をもってそれを受けとめている。地球は獣なのだ（とはいえ、この人物は通常の意味での獣だというのではなく、ただ生き物だと言っているのです）。

地球には、動物体の諸部分と共通のものがすべて認められる。植物と樹木は地球の毛髪である。金属はその血脈であり、海水はその飲みものなのだ。地球は造形する力、一種の形成力、運動、病気をもっている。潮の満干は動物たちの呼吸である。地球の魂は一種の焔のようなものである。したがって、地下には熱がある。そこに熱がなければ、生殖作用が生じない。黄道十二宮だけでなく、満天のイメージが神によって地球の魂の中に刻印づけられている。

これは天上的と地上的の結合であり、天と地の間の共感の元である。いっさいの運動、活動の原像が創造主である神によってこの共感に植え込まれている。

地球の魂は、地球の中心にあって、みずからの形姿または模像をあらゆる方向へ送り出し、こうしてこの魂の外で、すべての調和した対象とその変化の諸相とを感じとっている。地球の魂について言えることは、人間の魂にもあてはまる。例えば、魂は、すべての数学概念、証明を自分の中から生じさせる。そうでなかったら、これほどの高度の明証性、規定性を得ることはできないであろう。

惑星とその位相は、人間の魂の力に影響を及ぼす。あらゆる種類の心情の動きや情熱を惹き起こし、それによってしばしば極度の悪行に駆り立てもする。また受胎にも影響し、それによって人間の気質や性格にまで影響を及ぼす。占星術の大半はこのことに基づいている。

おそらく太陽からは、光と熱だけが全宇宙に拡がっていくのではなく、太陽は純粋悟性の中心であり、その座であり、そして全宇宙における調和の源泉でもある。そして、すべての惑星にも魂がそなわっている。

創造行為全体の中には、すばらしい調和が見出せる。感覚界にも超感覚界にも、理念の中にも事実の中にも、自然界にも恩寵の世界にも、そのような調和が見られる。この調和は、事物そのものの中にも、事物の相互関係の中にも現れている。最高の調和は神である。神はすべての魂にひとつの内的調和を、神の似姿として刻印づける。数、図形、星、自然全体は、キリスト教の一定の神秘的事実に対応している。例えば、宇宙には、三つの静止した事象、太陽、恒星そして宇宙空間がある一方、他のすべては動いている。そのように唯一の神の中には、父、子、霊がある。球もまた三位一体である。すなわち、父は中心にあり、子は表面にあり、霊は中心から表面までの距離の同一性――半径としてある。そのような秘密が他にもいろいろある。

しかし、霊と魂がなければ、どんな調和も存在しないであろう。人間の魂の中に、無限に多様な仕方で、調和をもたらす要因を見出すことができる。地球全体も魂に貫かれている。そしてそれによって地球上にも、地球と星々との間にも、大きな調和が生み出されている。この地球魂は地球体全体を貫いて働いている。けれども人間の魂が心臓を座としているように、地球魂も地球の特定部分にその座をもっている。そしてそこから、ちょうど焦点または源泉からのように、その作用が海洋と大気圏の中に及んでいる。だからこそ地球と星との間に共感があり、規則的な相互作用があるのである。

地球が本当に魂をもっていることは、気象観測によってよく知ることができる。一定の気象状況の下で空気は不安定になる。その気象状況が消えるか、そもそも存在していなければ、天気は安定する。

この人物は一六〇七年にこの文章を書きました。ここには、新しい時代の到来を迎えて、キリスト化された占星術が生き、鼓動しています。この占星術はその陰の部分である占星術による迷信を引きずっていましたが、この人物はこの上なく敬虔な心で、こう書き記したのです。この人物はかつては正当に行使していた元素界の力を、後の時代には――私たちはこの力をシビラの力と呼んできました――その力を不当にしか行使できなくなった、と感じていました。ですから、こうも述べています。――こういう霊たち――つまり星と地球とを交流させる霊たち――は、地球を取り巻く大気のような、地球の元素界の中に定着した。このことは否定できない、と。――

こういう霊たちがかつて偶像、オークの木、聖域、洞窟、動物その他を通して人々に神託を伝えたのは、確かなことだ。そして鳥の飛翔を見て予言するのも、弱い人たちを欺く手段であるだけではなかった。その霊たちは、鳥の飛翔する方向の中に働きかけて、神の許しを得て、人びとが多くのことを予言できるようにした。こんにちでも、ふくろう、はげたか、わし、からすのような不気味な鳥たちの霊に出会う。ただこういう霊は、否定的に受けとられており、そう受けとられれば受けとられるほど、ますます稀な霊になっていく。なぜなら、そういう霊たちは軽蔑されることに我慢できないからである。もちろん神の掟とキリスト教の教えに従ってそうしているのだから、まじめに受けとられなければ、どこかへ行ってしまい、何も語ろうとはしなくなる。もともと悪霊は動物を通して語ることが許されており、蛇を通してエヴァと語った。そういう悪霊は人間を欺いてきた。この霊たちは、そのとき以来、いつも同じやり方をしてきた。すなわち動物のからだの動きを通して、人間と語ったのだが、そうすればそうするほど、ますますこの力を乱用するようになり、崇高な存在にまつり上げられて、あわれな人びとを欺いてきたのである。

　それゆえキリストがすぐに降臨されて、悪霊の成果を無効にし、この霊たちをだまらせ、そして神殿でのその霊たちの像、聖域、洞窟、そして長いこと支配してきた地球そのものを失わせた。けれども、その霊たちはいつでもまたこの地上で、空気の中に生きて、神の許しの下に、あちこちで叫びまわっている。この霊たちは時には神の鞭になり、時には神がこの霊たちを通して一定の事柄を人間たちに告知なさっている。

この著者は、霊的な啓示がどのようにしてキリスト化されるかを、そっと暗示しています。本当にキリスト化されたと言えるような心で、そうしているのです。一六〇七年に、霊界に生じた転換について語っています。いったい、この人物は誰なのでしょうか。共に語るには足りない人物なのでしょうか。見過ごしてもいい人物なのでしょうか。そんなことはありません。彼がいなかったら、近代の天文学、物理学は存在しなかったでしょう。ヨハネス・ケプラーがその人なのです。

こんにち唯物論者または一元論者を名乗り、ヨハネス・ケプラーを偶像のように崇めている人たちに、ケプラーのこの文章の真意を感じとってもらいたいものです。もっとも重要な天文学上の法則といえる、ケプラーの三大法則は、こんにちの天文学を支配しているのですが、この法則は、彼が見出したのです。けれども同じ彼が、次第に第五後アトランティス文化期と共に地球の進化の中に入ってきたものについて、このように語ったのです。そして今、新しい衝動に促されて、私たちはふたたび星と関連している霊的な働きを少しでも認識できるようになろうとしています。

パルジファルが――ヴォルフラム・フォン・エッシェンバッハが取り上げた後期の伝承によ

れば――、まだ無知で、問うことを知らずに、聖杯の城へ入っていったのは、いったいどんな時代だったのでしょうか。パルジファルが聖杯の城へ赴き、傷を受けて横たわるアムフォルタスがパルジファルの到来に際してその傷に限りない痛みを感じるのは、いったいどんな時だったのでしょうか。どんな時にパルジファルは聖杯の城に入ったのでしょうか。伝承はこう伝えています。――それは土星と太陽が共に蟹座に位置して、子午線を同時に通過した時だった、と。ここでも明らかなように、地球と星々との関連が、そのもっとも内密な作用に到るまで、求められていたのです。それは土星の時だったというのです。

そして、パルジファルはどのようにして次第に知者になっていくのでしょうか。彼は一定の事柄については無知なのです。無知であり続けます。彼はいったい、どんな事柄について無知であり続けたのでしょうか。

すでに申し上げたように、キリスト衝動は、いわば魂の地下で流れ続けます。表面では神学論争が盛んです。そして、それによって伝統的なキリスト教が生み出されます。伝承が伝えるパルジファルの人柄を辿っていくと、パルジファルは何も知らないのです。まさに表面で演じられていた事柄から、彼は隔離されているのです。そのすべてを知ってはならなかったのです。彼は表面で演じられた事柄のすべてから、守られていました。魂の地下の根源から汲みとられたものなら、彼は学ぶことができました。昨日述べたように、彼は馬に乗って聖杯の城から出ていき、そしてまず膝に死んだ花婿を抱いて泣いている女からそれを学び、次いで、神秘的な力と関連づけられている隠者からもそれを学びました。そして、聖杯の力からもです。なぜなら、彼が隠者のところに来たのは聖金曜日のことだったのですから。すでに聖杯の力は、まだ彼には無意識的な仕方で、彼に働きかけていたのです。

　ですから、パルジファルは表面で行われているすべてについては何も知らずにいました。彼は、近代に対抗して生じる潜在意識的な源泉と関連づけられています。彼はこの源泉から汲み取らなければならないのです。パルジファルの心は、外界から人生に持ち込まれるものに妨げられないで、無辜《むこ》の状態にありました。その状態で聖杯の秘密に向き合わなければなりませんでした。彼はもっとも純粋で高貴な、最高の魂の力をもって聖杯の秘密を受け容れるべきなのです。そのためにも彼はまず聖杯の秘密を完全に体験すべき魂の力を持てずにいた人物と出会わなければなりませんでした。すなわち、アムフォルタスとです。

　アムフォルタスは聖杯の守護者に選ばれたのですが、人間本性の低次の力に陥ってしまったのです。どのようにアムフォルタスが人間本性の低次の力に陥ってしまったのか、そこに問題があります。なぜなら、アムフォルタスはこのことと聖杯の守護とを結びつけているのですから。彼は敵を快楽と嫉妬に駆られて殺してしまいます。しかしこういう事柄はすべて、当然ありうることなのです。そして、こういう事柄はいつも繰り返して誤解されてしまうので、人智学は禁欲を説くつもりはない、とここでもはっきり指摘しておかなければなりません。もっとはるかに深い問題がその奥にひそんでいるのですから。

この場合の自然の根源的な力は、通常の生活の中にあらわれているようには、あらわれておりませんし、そのように考察されてもいません。問題はそういう根源的な力が、まだ第三後アトランティス期にも、霊界との関連で取り上げられていたことです。いわば人間の血液系、神経系の中で四大を通して脈打っているものが、取り上げられて、そしてそこに秘密が感じとられていたのです。禁欲が問題だったのではなく、聖なる秘密を認めることが問題だったのです。

第三後アトランティス期においては、地上の人間を支配するのと同じ力で、この聖なる秘密に向き合うことができました。しかし今、この聖なる秘密が純粋で無辜なる魂の力だけにみずからを開示する時代が来たのです。今の人間は、地上の仕事との結びつきから自分を高める可能性を見出しています。人智学の立場は人間を地上の仕事から引き離そうとはせず、その反対を目指しているのですが、しかし今、この地上の仕事から、言い換えれば古代の占星学において人間の中で有効に働いていたものから自分を高めようとする時代が来たのです。新しい仕方で古い秘密に関わろうとする人間は、みずからを高めなければならないのです。

このことはいっさいの地上的なものから自由になった無辜の魂の力でなされるのでなければなりません。古代ヘブライで創られた対立とは別の対立が創られなければなりません。古代へブライは厳格にこう告げました。――占星術ではまだ正当だったシビラの力をすべて棄てて、地上の神ヤハヴェに従わなければならない。

このことによって、いっさいの上からの啓示を拒否し、いっさいの下からの啓示を受け容れるようになりました。天からの啓示に恐れをもつ態度が、ある期間、地上に行きわたらなければなりませんでした。上から来たものに反対する態度が、ある期間、地上に行きわたらなければなりませんでした。シビラのような力の中に、人びとは上から来るルツィフェルの不当な力を見たのです。

しかし、キリストの本性がナザレのイエスのからだに降下した今、上から来るものはキリスト化されました。今ふたたび、上を仰ぎ見ることが許されました。地球の主と月の母との結びつきから、別の何かが生じたのです。事実、大地のオーラにみずからを注ぎ込んだキリストが地球の主、地の霊になったのです。

アーサー王の宮廷に由来するような諸問題になら、人びとは地球の力で近づくことができたのですが、アムフォルタスの場合のように、地球の力の作用で聖杯本来の問題に近づくことは、許されなかったのです。聖杯の秘密にこういう力で近づいた人は、苦しみに遭遇しなければなりませんでした。星の作用がキリスト化されたので、外なる表面での争いにはまったく関わることのない人、しかもカルマによって、自分の魂がキリストに受け容れられた人だけが、「土星の時」という象徴が暗示する力との関連を認めたのです。土星の時とは、土星と太陽が同時に蟹座に位置している時のことです。まだ地下で、つまりまだ潜在意識の深みでキリスト衝動が働いていたパルジファルが土星の時に来ると、アムフォルタスの傷は、それまでになかったくらいひどく痛むのです。

このようにして、新しい時代が告知されたのです。そのときのパルジファルの魂は、キリストのオーラに貫かれた潜在意識の歴史的な衝動と、つまりキリスト衝動と関連していたのです。キリスト衝動は、パルジファルにはまだ意識化されていませんが、彼は地下で働いて、人類を導いてくれるこの衝動を、地上に出現させなければならないのです。パルジファルは、ですから、無辜な、純粋な魂の力でのみ近づくことのできるキリスト衝動を、次第に理解できなければなりません。伝統的な知識、学識で近づいても、キリスト衝動は決して理解できません。今、キリスト衝動は歴史の表面に現れてきました。そして、月という天の聖杯のように、ほとんど日常的になったのです。しかし、それは古代ヘブライがそのために戦ったものの新しい甦り、作り変えなのです。

キリストを膝に抱いた乙女なる母の姿を聖なるものと感じとることのできる人なら、聖杯を同じように感じとることができるでしょう。この聖なる器、キリストを抱く月の母、新しいエヴァ、太陽霊キリストのこの担い手が、いっさいの他の光を、いっさいの他の神々を光で覆うのです。『何か』を考えるもの以上を、『いかに』は考える」のです。パルジファルの魂の内部に眼を向け、いかにして彼が聖杯の城から出て、花婿と花嫁の姿に出会い、そのことが彼を無意識にキリストの力と結びつけたか、そして、いかに聖杯の像が星の文字で天に記されている復活祭の時期に、隠者がパルジファルの無辜な魂を諭したか、を感じとろうとしてみましょう。昨日強調したように、いかに彼が昼夜を問わず、昼は大自然に眼を向け、夜は聖杯の天上の記しを仰ぎながら馬を走らせたかを感じとろうとしてみましょう。夜空の三日月は、黄金色に輝きながら聖餅を、キリストの霊を、太陽霊をその中に受けているのです。そして、いかに彼が途上で、婿でもあるわが子を抱く乙女なる母の像と天の文字との照応、一致によって、聖杯の秘密を理解するようになったかを感じとろうとしてみましょう。彼の魂の中で地球の運命であるキリスト衝動が新しくなった星の文字とひとつに結びついて一緒に働いているのを感じとろうとしてみましょう。いかにキリスト化されたすべてが星の力と親和しているかを感じとろうとしてみましょう。……彼は土星の時に入って来なければなりませんでしたので、聖杯の下に留まれなかったアムフォルタスの傷をより烈しく燃えたたせなければなりませんでした。

「何か」が考えることよりも、「いかに」が考えることのほうが豊かなのです。なぜならこういう事柄は、私が今用いたような言葉で述べようが、別の言葉で述べようが、それが問題ではないのですから。なんらかの言葉や哲学的な思弁で聖杯に近づくことは決してできないのです。

聖杯に近づくには、こういうすべての言葉を感情に変えなければなりません。すべての聖なるものを、この聖杯の下に感じとれなければなりません。月からやってきたものと今地球の母エヴァの中に現れたものとの融合を感じとれなければなりません。そうすれば新たな形で、乙女である母の中に、地球の主となったヤハヴェ神、地球オーラの中に注ぎ込まれて新たな地球の主となったキリスト存在が現れるのです。

星の文字という象徴で呼ばれるもの、つまり星から働きかけてくるものと人類の地上での進化とのこの融合を感じなければなりません。こういうすべてを考察し、そしてそのすべてを人類史と星の文字との照応、一致であると感じとるなら、パルジファルに因んだ言葉で表現できる秘密をも理解できるでしょう。その言葉は、聖杯の守護者である聖杯王が世を去るたびに、ふさわしい後継者の名が聖杯上に現れる、という言い伝えとなって残っています。その後継者は、その名を読むことができなければなりません。つまり、ふさわしい後継者は、新しい書体の星の文字が読めなければならないのです。

愛する皆さん、私たちは星の文字のこの新しい書体を読みとれなければならないのです。今私たちは、この文字を読もうと試みなければなりません。実際、私たちが土星紀、太陽紀、月紀、地球紀からヴルカン星紀に到るまでの人間の進化を明らかにしようと試みるのは、そもそも星の文字が読めるようになるためなのです。

けれども、私たちがよく理解していなければならないのは、どのような関連で、星の文字を私たちの時代に読み解こうとするのか、ということです。私たちは星の文字を読み解くのにふさわしい存在にならなければなりません。なぜなら、聖杯がまずその場所からふたたび持ち去られ、次の時には外から見えなくなっている、という話は、決して無意味な話なのではないのですから。私たちが今育てようとしている人智学を、どうぞ新しい聖杯探求の方法であると思って下さい。そして、当時は潜在意識の奥底から語りかけていたもの、そして、その後次第に人間意識の中に現れてきたものの意味を知ろうと試みて下さい。それを意識的な言語に変えるように試みて下さい。地上的なものと天上的なものとの関連をふたたび明らかにすることのできる叡智を探求しようと試みて下さい。今私たちは、この叡智を、現代に開示されるにふさわしい仕方で受け取ろうとしているのです。私たちは古い伝統に頼ることなしに、そうすることができます。

愛する人智学の友人たち、パルジファルが聖杯の秘密にたどりついたそのやり方に眼を向けることで湧いてくる感情のすべてを、深く感じとろうとして下さい。人びとは、極めて外面的な分野で、極めて外面的な学問の分野で地球と宇宙的な力との結びつきを求めなければなりませんでしたから、聖杯の秘密ははじめは閉ざされたままでした。ケプラーのような精神は、数学的＝機械的な天文学上の諸法則に理解を示す一方で、キリスト衝動に突き動かされて得たものを潜在意識の奥底に沈めることもできました。

今、私たちが地球の進化と宇宙との関連を取り上げるとき、ケプラーの意味で語っているのです。実際ケプラーは私たちにこう語っているのです。――

例えば、宇宙には、三つの静止した事象、太陽、恒星そして宇宙空間がある一方、他のすべては動いている。そのように唯一の神の中には、父、子、霊がある。球もまた三位一体である。すなわち、父は中心にあり、子は表面にあり、霊は中心から表面までの距離の同一性――半径としてある。そのような秘密が他にもいろいろある。

しかし、霊と魂がなければ、どんな調和も存在しないであろう。人間の魂の中に、無限に多様な仕方で、調和をもたらす要因を見出すことができる。地球全体も魂に貫かれている。そしてそれによって地球上にも、地球と星々との間にも、大きな調和が生み出されている。この地球魂は地球体全体を貫いて働いている。けれども人間の魂が心臓を座としているように、地球魂も地球の特定部分にその座をもっている。そしてそこから、ちょうど焦点または源泉からのように、その作用が海洋と大気圏の中に及んでいる。だからこそ地球と星との間に共感があり、規則的な相互作用があるのである。

地球が本当に魂をもっていることは、気象観測によってよく知ることができる。一定の気象状況の下で空気は不安定になる。その気象状況が消えるか、そもそも存在していなければ、天気は安定する。

地球の内部にも表面にも見られる数限りない現象、その変化の過程は規則的であり、計量可能であって、盲目的な原因に帰することはできない。諸惑星そのものは、みずからの発する光線が地上にどんな角度で射し込むのか何も知らないけれども、地球は魂をもってそれを受けとめている。地球は獣なのだ（とはいえ、この人物は通常の意味での獣だというのではなく、ただ生き物だと言っているのです）。

地球には、動物体の諸部分と共通のものがすべて認められる。植物と樹木は地球の毛髪である。金属はその血脈であり、海水はその飲みものなのだ。地球は造形する力、一種の形成力、運動、病気をもっている。潮の満干は動物たちの呼吸である。地球の魂は一種の焔のようなものである。したがって、地下には熱がある。そこに熱がなければ、生殖作用が生じない。黄道十二宮だけでなく、満天のイメージが神によって地球の魂の中に刻印づけられている。

こんにちの私たちは、黄道十二宮の星図が地球の魂、地球のオーラと結びついているのを知っています。そしてケプラーの世界観の別の部分にまで次第に認識をひろげています。つまりまだ潜在意識の奥底にとどまっていますが、私たちの人智学的宇宙論によって、意識の光に照らされるようになるべき部分にまでです。私たちの人智学は、人類の進化に深く根を下ろしており、聖杯から私たちに響いてくるあの警告と密接に結びついているのです。

古代の西洋、古代のヨーロッパを考察してみましょう。さらにアトランティス以前、アトランティス以後の時代も見てみましょう。後アトランティス期におけるアトランティス期の思い出を見てみましょう。古代ギリシアのアポロン崇拝の中に、その最後の余韻が響いています。アポロンは、上なる世界でキリストの力に浸透されて、後のナタン系イエスとなり、地上に降下して、ゴルゴタの秘儀を成就したのです。

では、いったいキリストはどこから来たのでしょうか。天上から降下して、地球の主になったキリストは、どのような道を通ったのでしょうか。キリストは西から東へ移り、ふたたび東から西へ移ったのです。キリストの存在は高次のヒエラルキアの領域から降下しました。高次のヒエラルキアの本性たちがキリストをこちらへ送り込んだのです。キリストは高次のヒエラルキアに属していました。そのことをパルジファル伝説は見事な仕方で私たちに思い出させてくれます。――天使の群れがティトゥレルに聖杯を贈りました。聖杯はイエス・キリストの真の秘密を、地球の主と乙女なる母との関連の秘密を示しているのです。そして今、天使の群れは、ふたたび高次のヒエラルキアの領域で、この秘密の意味するものを待ち望んでいるのです。聖杯を探求することは、私たちの人智学の世界観を探求することなのです。私たちは人智学を通して、聖杯の星の様相から聖杯の人間の様相へ、イエス・キリストを抱く母へ、次第にますます感情を向けるようになるのです。

愛する皆さん、私たちは以上で、霊的な力に担われた人類史の分野に少しだけ立ち入ろうと試みました。今回私は、私の言葉で皆さんの思考だけではなく、皆さんの心情に働きかけようとしました。そのことを感じとっていただけたなら、この連続講義で語ろうとしたことが意味をもったことになります。私は今回の講義「キリストと霊界」を「聖杯の探求」と呼ぶこともできたと思います。すべての宗教の調和した響きの下にここで述べられたことによって、地球上に普及している諸宗派が本当に一堂に会することができるようになるかどうかは、皆さん一人ひとりの判断にゆだねます。そのことの決定は、各人にゆだねるしかありません。諸宗教の統一に関して、統一を語りながら、たぶんまったく別なことを考えているような他の何かよりも、聖杯の探求としてここで述べてきたことのほうが、もっと的を射ているかどうかも、皆さんの心にゆだねようと思います。

偏狭な宗派の立場を守ろうとする人は、以上に述べた事柄では何も説得されないでしょう。

そういう人は、すでに述べたように、表面に現れたものだけに、本来の霊的なキリスト行為の外側だけに耳を傾けようとするのです。

　私たちが皆それぞれカルマに導かれて、キリストの霊的行為を知り、それゆえにパルジファルがそこへ向って駆り立てられたように、その行為を地上の諸宗教の調和のための偉大な手本と見做すこと、私たちはこの手本を生きいきと感じとろうとしました。そしてパルジファル伝説のあの続きに心を向けようとしました。つまり、聖杯はヨーロッパでは眼に見えないものになってしまったとき、ヨハネ司祭の領域へ運ばれたというのです。ヨハネ司祭は十字軍が達した地域の彼方に、自分の国をつくったといわれています。

　十字軍の時代、人びとはまだパルジファルの後継者であるヨハネ司祭の領域を大切に考えていました。そして、その地を探し求めたのですが、最後にこう言わざるをえなかったのです。――こういうすべてが地上の地理的な事情として語られているにもかかわらず、ヨハネの土地は地上のどこにも見出せなかった、と。

　それで、ヨーロッパの伝説の中で、パルジファル伝承の続きを作りたい、という思いが予感になって残ったのでしょうか。つまり、キリストが、私たちには知られずに、あの時から東方の地下の中でも働いていたという思い、そして東方でも宗教の争いが表層意識の中で演じられていたとしても、西方でパルジファルの開示に従って生じ始めたように、その争いが真のキリスト衝動の発現によって追い越されるであろう、という思いがです。その思いが予感になって残ったのでしょうか。聖杯の陽光は地上のすべての神々を照らす使命があるということ、このことが、象徴的に、乙女が聖杯の秘密を盛った黄金色に輝く杯を運んだとき、聖杯の輝きがほかの光を覆ってしまったことで暗示されています。では、無意識の中で働いているキリスト力が変化した形で西方の光となって現れるであろう、と期待してもいいのでしょうか。古い言葉によれば、「光は東方より」です。今なら、光と光が結び合える、と言っていいのでしょうか。そうできるとしたら、そのために必要なのは、私たちが私たちのカルマを通して、東方の地域、東方の文化諸潮流の地盤の上に立つ用意をすることです。キリストの一行は、キリストが超地上的な諸領域でナザレのイエスを東方へ行くためにキリスト化したときすでに、東方へ行ったのです。キリストの一行は、すでに地上に生まれる以前の諸啓示の中で、私たちの高みを通りぬけて東方へ行ったのです。そのことを仰ぎ見、そのことを予感しなければなりません。地上の他の宗教がキリスト衝動に浸透される時が来たとき、キリストが私たちに向って語るであろう事柄を、誤解しないでいられるようにしたいものです。

ミカエル衝動とゴルゴタの秘儀

全 二 講

シュトゥットガルトにて

1913年 5 月18日、20日

Der Michael-Impuls und das Mysterium von Gogatha

第一講

一九一三年五月一八日

先回こちらに来たとき、二回の講義の中で、死から新しい誕生までのいとなみについてお話ししました［一九一三年二月一七日、二〇日、一五七頁参照］。死後の生活を認識することの意味、重要性について、死後に出会う本性の働きがこの世の私たちの人生の中に深く関わっている理由について、お話ししました。

今日はまず、現代という文化期の性格全体との関連で、私たちの人智学という世界観の大きな役割についてお話しするつもりです。これまでも繰り返して強調してきましたが、実際私たちは今、地球紀の進化の重要な一時期を生きているのです。何度も申し上げましたように、どんな時代も過渡期である、とよく言われますが、人類の歴史をそういう皮相な観点から見るのでなければ、私たちの時代は、人類の進化の流れの中で、単なる過渡期というのではなく、まさに重要な転換期の時代なのです。

今日お話ししたい第一の観点は、すでに何度も申し上げたことですが、神智学、人智学がこんにち、地上の進化の必然性の中で、まさに文化生活の中に入って働かなければならない、ということです。この思想関連は、霊学的に訓練された魂だけが研究成果をあげることができる分野ではありますが、どんな人の魂でも、先入見なしに事柄に向き合おうとするなら、その成果を理解し、受け容れることができます。

もちろん、すぐにこういう反論がなされるでしょう――「けれども神智学を真実だと認める人はごく少数である。大多数の人にとっては、空想、夢想でしかない」。神智学を、昨日述べましたように、有害な七つのセクトの一つにさえ数える人もいるのです。なぜそういうことになってしまうのでしょうか。

現代の多くの人は、神智学は空想の産物だとしか思えない、と言います。そういう人たちがいる中で、わずかな人にしか理解されない真実を、一般の人たちに分かってもらえるのでしょうか。

昨日の公開講演でお話ししたように、私たちが超感覚的な認識に達するためには、魂の特定の力を身体による拘束から自由にすることができなければなりません。思考力、言語力、意志力を身体の働きから解放して、純粋に魂の内部で作用できるようにしなければなりません。これらの力は、瞑想、魂の集中によって育成されれば、超感覚的世界へ参入する力になるのです。

超感覚的世界に参入しうる力はすべて、私たちが自分の魂を身体による拘束から解き放つことによって得られるのです。超感覚的世界を探求することのできる認識力は、身体から自由になっていなければならないのです。

けれども日常生活の中にも、霊的な探求をすることのできる魂の力がすでに含まれています。それが通常の、先入見をもたぬ、健全な思考の力なのです。通常の思考力は、特別な訓練なしでも、それ自身、すでに身体から自由になっています。

ですから、どんな人の魂にも見出せる思考力は、二つの顔、ヤーヌスの顔をもっているのです。すなわち、一方の思考は、脳に依存しています。脳、神経系の中に反映されているものを思考内容として意識しています。この思考は受動的であり、脳の機能に依存しています。けれども、もう一方の思考は、瞑想することなしに、内的な集中だけで、みずからの本性を自覚し、脳への依存から離れて、みずからを身体の拘束から自由にすることができるのです。そのときの思考は、能動的になっています。

こんにち、どんな人の魂の思考力にも、この二つの側面が見られます。どんな人も思考を二通りの仕方で働かせているのです。本来、どんな思考も、霊学の一見大胆な主張にも十分に対応できるだけの能動性をもっています。けれども、私たちが自分の思考を自分で力づけようとせず、思考の能動性を発揮させようとしませんと、思考は道具である脳の機能に依存せざるをえず、もっぱら脳の機能を用いて思考内容を作り出すしかなくなります。そうすると思考は能動的ではなくなり、受動的になってしまいます。

まだ現在そうだとは言いませんが、将来は、能動的に思考する人と受動的に思考する人とにはっきり区別されるようになるでしょう。自立した、内的に自由な思考を育てる人は、能動的に思考でき、そういう思考そのものが神智学的な研究に駆り立てるのですが、それに反して、能動的に思考しようとはせず、脳に依存して思考しようとする人は、神智学の研究を空想に耽っていると言うでしょう。肉体から自由な思考が理解できず、脳という道具にひたすら頼りきっているからです。つまり、自分自身で思考しようとはせず、自分の中で自分のために脳に思考させているのです。

この意味で言えば、神智学を受け容れるか受け容れないかは、内的に熱心であり、内的に自立しているか、それとも内的に安易であろうとして、内的に不誠実であるかの問題なのです。集中し、自立した思考は、神秘学の成果に不寛容ではありません。肉体に支えてもらいたい人、脳に映し出された思考だけを意識しようとする人は、神智学の研究を否定せずにはいられません。そうしないと、これまでの思考習慣に留《とど》まっていられなくなるからです。世間に出て、一見、学問的で精神性豊かな思想家だと思われているのに、神智学だけは理解できない哲学者、著述家たちは、はじめは無意識であったとしても、内面の深みにおいて安易な考え方をしているのです。その人たちの思考は、能動的ではなく、受動的であろうとしているのです。しかし、神智学の世界観を学ぼうとする人の思考は、受動的ではありえないのです。

そうならざるをえないのです。こんにちでは唯物主義者とは言わず、一元論者と自称して、神智学の「空想」について勝手な非難をあびせかけている人たちの集会に行ってみると、その根底にその集会で勝手に語られているときの態度とはかけはなれた考え方がひそんでいることが分かります。そこには能動的な思考に突き進んでいくことのできない事情がひそんでいるのです。しかもその上、自分が能動的な思考を働かせるつもりがないので、受動的な思考を学問研究の至上の原則にしようとする思い上がりが考え方の根底にひそんでいるのです。

魂の力を安易に働かせようとする態度は、通常の生活の中でもしばしば見られます。誰かが公開の講演会を聴きに行き、その話の中に入っていくことがあまりに容易すぎるとき、つい眠くなってしまいます。そして、聴くつもりだった話、多分それほど聴きたくなかった話を眠りながら聴くことになってしまいます。現代でも、これからの未来でも、能動的な思考に集中することのできない人たちの場合、人類の多岐な進化への思いをそのような眠った状態でやりすごすことになるでしょう。もっとも重要な体験に立ち会わずに、眠ってやりすごすことになるでしょう。実際、人びとが知ろうとするにせよ、しないにせよ、私たちの感覚世界の背後には、超感覚的な働きが、超感覚的な経過が生じているのです。ある人たちが時代の経過を眠ってやりすごそうとしていても、超感覚的な経過は、それでも生じるのです。そのようにして私たちは、現代のこの時期における重要な経過に立ち会っているのです。

すべての感覚的な経過は、超感覚的な経過の外的なあらわれなのですから、私たちの時代の感覚的な諸経過のいわば網の目を切断したなら、このヴェールの背後の超感覚的な経過が見えてきます。そして超感覚的な諸経過、今まさに重要なその諸経過の本質を知ろうとするなら、宇宙におけるすべてのいとなみがそういう進化の過程に基づいていることを思い出さなければなりません。

人間の進化の道を辿ると、まず古土星紀に人間の最初の萌芽を見出します。次いで古太陽紀に人間は新しい要素を身につけ、さらに、古月紀にも新しい要素を身につけます。そして地球紀に第四の要素である自我を身につけます。このようにして人間の魂の力は、木星紀になると、天使のヒエラルキアの本性たちに較べられる姿をとるようになるでしょう。

さて、個々の人間が進化の道を辿り、上昇していくように、個々のヒエラルキアの本性たちもまた、低次の段階から高次の段階へ進んでいきます。人間というヒエラルキアだけがこういう更なる進化の道を辿っているのではなく、人間よりも上位にあるヒエラルキアの存在たちもまたそうなのです。

その例として、人間よりも二段階上位にある大天使のヒエラルキアを取り上げてみましょう。

すでに昨日言いましたように、こんにちの人びとは、霊について一般的に語っています。そのことを否定的に受けとるつもりはありませんけれども、自然科学が植物、動物その他の領域において行っているように、部門に分けたり、秩序づけたり、個体を観察したりしますと、こんにちの文化人たちはとても怒るのです。けれども霊界を具体的にイメージするためには、そうしなければなりません。

クリスチャニア「ノルウェーのオスロの旧称」で行った連続講義「『神秘学、神智学、哲学から見た人間』一九一二年六月二日〜一二日ではなく、『民族魂の使命―ゲルマン＝北方神話との関連において』一九一〇年六月七日〜一七日」を手にとれば、諸民族の進化が大天使のヒエラルキアと関連をもっていることを読みとってくださるでしょう。一方、時代の流れは時代霊、人格霊の指導の下にあるのです。

大天使の系列のもっとも重要な本性たちの名は、ラファエル、ガブリエル、ミカエルその他です。これらの本性たちはこういう名で呼ばれていますが、名前に本質的な意味があるわけではありません。ただ、超感覚的な進化の諸事実の中にこれらの名の由来があり、そして私たちの感覚的な進化は、この超感覚的な進化に依存しているのです。

私たちはその意味で、大天使のヒエラルキアの個々の本性を区別することができます。ただ抽象的に、ただ名前を並べるのではなく、私たちが区別するのは、例えば、西暦はじめの数世紀に地上で生じたもっとも主要な文化衝動が、一二世紀、一三世紀の指導的な諸民族におけるもっとも主要な文化衝動を指導していた本性とは異なる本性に指導されていたからなのです。

その意味で、特に私たち自身の文化の進歩を考察するのに必要な本性を取り上げなければなりません。そのとき区別しなければならないのは、ほぼ一五世紀、一六世紀にはじまった、新しい自然科学の出現を主要な特徴とする時代との違いです。この自然科学は、一九世紀に、いくら賞賛してもしきれぬほどの偉大さにまで達しました。

人類全体に浸透するほどの自然科学的業績を生んだこの数世紀のことを眼にするとき、そのような成果をもたらした特定の諸民族が、超感覚的世界の特定の大天使に導かれていたことに気づかされます。そしてこの時代の本性は、今はじまったばかりの私たちの霊的な文化期を超感覚的世界から導いている本性とは、はっきり区別されるのです。

大天使のヒエラルキアのこの指導的な本性たちを西洋で用いられている名で呼ぶなら、こう言うことができます。――進歩する文化のためにキリストの時代以降、さまざまな本性たちが指導してきました。名前に特にこだわるつもりはありませんが、大天使のヒエラルキアの本性たちの名前を、人の名を呼ぶときのように数え上げるなら、オリフィエル、アナエル、ツァハリエル、ラファエル、ガブリエル、ミカエルが進歩する文化を指導してきた大天使の名前です。

ガブリエルは一九世紀の最後の三分の一の時代で終った文化期の指導霊でした。事実、一九世紀の最後の三分の一の時代と共に――そしてこのことはこれからますます明らかになってくるでしょうが――、ひとつの時代が始まります。この時代にこれまでとはまったく違う影響、衝動が超感覚的世界から感覚的世界の中へ流れ込んできます。これまでの時代の人びとの魂は、感覚が見、知性が理解するものと結びついていました。これからの時代の人びとは、前進する霊的な進歩を眠って過ごそうとはしないで、特に、超感覚的な叡智、認識が超感覚的な世界から地上の感覚的な進化の中にますます浸透してくることに注目しようとするでしょう。

外から見たら、こう言えるでしょう。――これまでの時代の超感覚的本性たちは、超感覚的世界から流れてくる諸力をできるだけ地上的＝物質的な身体のために役立たせようとしてきました。その諸力が魂の中へ流れていかないように配慮していました。

今からは、その諸力が人間の魂の中へ流れていけるように導かれるのです。ですから人間の魂は、霊視、霊聴、霊的合一を自分のものにすることができるようになるのです。これまでの時代が霊的認識に欠けていたとすれば、これからの時代の生きた文化衝動は、霊聴存在、霊的合一存在によって認識を深めていくでしょう。

五〇年前でしたら、今日皆さんにお話しする内容を公開の席で語ることはできなかったでしょう。なぜなら当時、直接霊界からこのような事柄を受けとることなどできなかったからです。門はいま初めて開かれたのです。

これまでの時代は、知性を発達させるのには特別好都合でしたが、これからの時代は、霊聴と霊的合一を発達させるのに好都合になるでしょう。二つの時代がはっきりと境を接しています。一方は一切の霊聴に耳を閉ざしていました。そしてもう一方には、一切の霊聴にあらゆる手段で反対する勢力も存在していますが、霊聴を受けとり、魂の中でそれを導きの声にしようとする可能性が存在するようになるのです。

この問題をさらに深く洞察していくと、これまでの人間の魂の中には直接流れ込んでこなかった超感覚的な力が、作用を始めているのに気づかされます。外的な生理学では確認できないでしょうが、次のことは真実なのです。——ガブリエルの時代にも、超感覚的世界から感覚世界への働きかけがなされてきましたが、その働きかけは肉体に対してなされました。ガブリエルの時代、前頭葉の中に精妙な構造が生じ、それが次第に生殖系に植え込まれ、その結果、大部分の人間が、さらにそれ以前の、一二世紀、一三世紀における時とは異なる、もっと精妙な構造の前頭葉をもって生まれてきたのです。

人間が知覚活動を物質的＝感覚的なものに向け、霊聴には耳を閉ざすこと、超感覚的世界の衝動を身体の中へ注ぎ込み、脳のこの精妙な構造を育成すること、それがガブリエルの時代の課題だったのです。

そして今、能動的な思考と神秘学的理解とへ向かって進んでいける、と自分で感じとっている人びとの場合、一方ではこの脳の精妙な構造がますます働くようになるでしょうが、他方では、私たちが今その発端に立っているこの時代において、超感覚的な力が肉体の脳の構造を形成するために消費されるのではなく、直接魂の中に流れ込んで、霊視と霊聴のために働くようになるのです。これがミカエル時代の働きなのです。

大天使には二つの本性が区別できます。私たちの時代のすぐ前に人間を導いていた大天使は、脳の構造のために働いていました。そして今、人間に働きかけている大天使は、人間の魂が霊的な叡智を受容できるように働きかけています。このように私たちは、大天使のヒエラルキアにおける互いに異なる二つの本性に向き合っているのです。

大天使のこの二つの本性の特質、性格を具体的に知っていただくために、以上の例を取り上げました。しかし、名前だけで満足するわけにはいきません。ミュラーという名を知っただけではミュラー氏のことをまだ何も知っていないように、ガブリエルという名を知っただけでは、大天使ガブリエルのことを何も分かっていません。ミュラー氏について、彼は情深い人だ、彼はこういうこと、ああいうことをしてきたと言えたとき、何かが分かります。超感覚的な本性についても、その本性が人間の肉体に働きかけて、生殖作用に特定の構造を組み込むとか、あるいは直観的に真理を知ることができるとか言えたとき、何かが分かるのです。

見霊者、秘儀参入者のためというよりも、霊的な真実を理解しようとして、能動的な思考を育てようとする人のために、ミカエルは働いています。ミカエルは、これからの数世紀の間、人間の魂の中に超感覚的世界からの力がますます集まってこられるようにしているのです。

この移行は、別の関連においても重要です。いま生じている事柄を通して、今後人びとは、以前の過去世の人生を実際に回顧できるようになるのです。しかしそのためには、そうできるようにならなければなりません。

誰でも、考えたことのない何かを思い出すことはできません。誰かが夕方、何も考えないでワイシャツを脱ぎ、そで口のカフス・ボタンをはずしたのに、翌朝探しても見つからないのは、ボタンのことを考えていなかったからです。カフス・ボタンを置いたときのことをイメージしていたなら、翌朝、置いておいたところにまっすぐ行ったでしょう。

日常生活での記憶の在り方は、輪廻転生の中での記憶の在り方と、同じような在り方をしています。私たちはまず、魂の内奥の本質を思い出し、そして、さらにその魂の内奥の本質の中へ移行していったものをも思い出さなければなりませんが、そのためには、まず魂のいとなみそのものを知らなければなりません。それを知るには、神秘修行がどうしても必要になります。前世において、魂の本質を思考しようと努めていなかったら、今世においてその本質を思い出すことはできません。思考によって記憶力が組み込まれていたとしても、この記憶力の組み込まれ方は、はじめは病気として、神経症として、恐ろしい状態として感じられているはずです。

なぜなら、人びとは回想できるように組み込まれていても、思い出せる霊的体験を何ももっていないからです。人間は、用いることのできない器官をもっているとき、活用することのない印象を心に抱いているとき、病気になるのです。

人類にはすでに、過去世を記憶できるような力が組み込まれているのです。そういう記憶力を働かせることができるように、神秘修行によって認識し、思い出せるようになる思考の力、そういう思考の力へ向かって人類は進んでいくのです。そういう在り方を目ざして、自分を霊の存在であると認識できるようになるなら、私たちはいつか、以前の地上生活を思い出せるようになるでしょう。

ですから私たちは今、重要な転換点に立っているのです。神秘学を受け容れるとは、基本的に、私たちの時代のこの転換点に対する感情をもつということなのです。

さて、大天使のヒエラルキアに属する本性たちは、みんなが同じ在り方をし、同じランクに属しているわけではありません。大天使のヒエラルキアに属する本性たちは、私の述べたように交代するのです。大天使の中でランクのもっとも高いもの、最高の存在は、私たちの時代に指導力を発揮し始めているミカエルです。そのミカエルも、大天使の系列に連なる本性ですが、大天使の中でもっとも進歩した本性です。

さて、私たちの時代には、すべての存在を巻き込んだひとつの変化が進行しています。すなわち、すべての存在が今、上昇しつつあるのです。そして私たちの生きているこの時代に、大天使の中の最上の存在であるミカエルは、大天使の位階から人格霊の位階へ、時代霊へ移行します。ミカエルは次第に、全人類にとっての指導霊、時代霊になるのです。

　このことは私たちの時代のもっとも重要な出来事です。これまでのすべての時代にまだ存在していなかったこと、全人類の中に存在できなかったことが今、存在可能になり、全人類にとっての財になるのです。これまで個々の民族の中に生じた霊的な深化が今、全人類にとっての深化になるのです。

　このようにして感覚世界の背後で生じている事柄に眼を向けるとき、私たちはまた、今述べた事柄が感覚界に刻印づけられていることにも注意を向けることができます。大天使ミカエルが時代霊に高められたということの感覚界での現われに、注意を向けることができるのです。

　これまでの人間も人格であることができました。未来の人間も、人格でしょうが、これまでの時代とは違った仕方で、なのです。人間はこれまでも常に、超感覚的世界に関与してきました。少くとも魂のいとなみをもって関与してきました。しかし、人間がこの感覚世界の中で現わしてきた人格、個人的特徴、個人的色合いは、霊界から降りてきたのではなく、下から上へ昇ってきたのです。この個人的色合いは、ルツィフェルから来たのです。ルツィフェルがこの世での人格を作ったのです。ですから、人間は人格と共に、超感覚的世界に参入することができなかったのです。自分の人格を霊界へ持ち込むことはできず、人格を消し去って霊界へ赴かなければなりませんでした。そうでないと霊界を穢《けが》してしまうからです。

未来の人間は、人格を通して上から、霊界から流れてくるものを受容できるようにならなければなりません。霊的な認識内容を受容できるようになること、そのことが人格の特徴になるのです。ですから、これまでとはまったく違った人格になるのです。これまでの人格は、霊から切り離され、肉体の刻印を押されていました。未来における人格は、霊界からの働きを受け、その働きを自分のものにしなければなりません。

過去の人格は、血により、気質によって規定されていました。そういう人格の中に、超感覚的な世界から非人間的な要素が流れ込んできたのです。未来の人間は気質により、血によって人格になることがますますなくなり、超感覚的世界に関与することによって人格になるでしょう。そうなるのは、ミカエルの衝動のたまものなのです。ミカエルは人間の魂の中に霊的生活を理解する力を植えつけるのです。

未来において、はっきりした人格の特徴をもった人びとは、その人格の特徴によって超感覚的な世界を理解し、それによってあれこれを表現することでしょう。アレクサンドロス大王、カエサル、ナポレオンの人格は過去に属しています。それらの人物の人格の中にも超感覚的な要素が流れ込みましたが、その人たちの人格的な色合いは、下から受けとったものだったのです。

未来の人格の特質は、霊界から感覚界へ持ち込まれるのです。霊から人格を受けとったアレクサンドロス大王、カエサル、ナポレオンの人格にとって代わるべき人格です。未来における人間行為の力強さは、その行為の中に流れ込む霊的な力の強さから生じるでしょう。

こういうすべては、時代のこの移行期の重要な特徴を示しています。同じ移行期と言っても、私たちの移行期におけるガブリエルの時代からミカエルの時代への移行こそが、最も重要な移行なのです。もし私たちが先入見をもたずに私たちの時代を洞察し、一九世紀最後の三分の一の時代に到るまで、二つの可能性がどのようにせめぎ合っていたかを見るなら、今日お話ししたことを、常識の力だけによっても理解していただけると思います。

最初の可能性は自然科学から世界観を打ち立てることでした。このことはこんにちでは、古くなってしまいました。もはや時代の性格に合わないのです。人びとがまだそうしているのは、古代以来の伝統を保ち続けているからです。時代の性格に合っているのは、霊界の呼びかけに応え、霊界の理解の下に世界観を打ち立てることです。このことを感情の力で受け容れるなら、神智学の世界観が一人ひとりの魂にとって何を意味しているか、分かって下さるでしょう。そして、人類にとっての進化とは何かを感じとって下さるでしょう。私たちは私たちの時代の大切な経過に関与しているのです。

さて、先回、この同じ場所で行った二つの講義の中で、仏陀の機能の変化についての講義［「死から新しい誕生までの生活の宇宙的側面」一九一三年二月一七日と「生者と死者の相互の働きかけ」一九一三年二月二〇日］の中で述べたことをどうぞ思い出して下さい。次回は今日の話を受けて、同じ問題に触れるつもりです。

今日の考察はひとつの問いかけで終ろうと思います。その問いは私たち一人ひとりの魂の中に生じるべき問いであり、今日考察した重要な問題をもっとさらに重要な問題へ導くべき問いなのです。

ミカエルがヒエラルキアを一段上昇し、西洋文化の指導霊になったとき、一体誰がミカエルの代わりになるのでしょうか。空いた席は埋められなければなりません。ですから、ある天使が一段上昇して、大天使の列に加わらなければなりません。そうするのは誰なのでしょうか。明後日、もっとさらに重要な考察を行うために、今日はこの問いで終ろうと思います。

今日特にお話ししたかったのは、移行期の重要な性格についてでした。決断に踏み切ることのできた魂なら、霊的な真実を理解することができる、という事実をお話ししたかったのです。なぜなら、人類の背後に立っている、人類の進化を導いている宇宙の霊的存在たちが、そう望んでいるのですから。そして、このことは、感覚世界の中で、以下のように映し出されます。――人格が別の性格をとるようになるのです。気質と血がこれまでの時代の人格に色合いを与えていたとすれば、未来においては、霊的な理解の要素が新しい時代の人格のために指導的役割を演じるようになるのです。これが新しい人格のために指導的な役割を演じるようになるのです。

このことを理解するのは大切なことなのですが、しかしもっと大切なのは、このことを成就させることでなければなりません。

明後日は、この点から出発して、私たち一人ひとりの魂に深く関わる重要な考察へ移るつもりです。

第二講

一九一三年五月二〇日

先回は私たちの現代を、世界史の法則の下に性格づけようとしました。とはいえ、そういう性格づけにとどまっていてはなりません。なぜなら、この時代の霊的な衝動について語るということは、私たち一人ひとりの魂の中に働いている衝動を語ることなのですから。私たち自身の魂の霊的な力でもあるこの時代の衝動に自分から関わろうとするのでなければ、私たちはそもそも生きがいを感じとることはできないのです。

どうぞ次のことを真剣に受けとって下さい。――皆さんは一人ひとり、神智学を真剣に受けとっていらっしゃいます。そして真剣に神智学に向き合う人の魂の中には、無意識であったとしても、私たちの時代の真に霊的な衝動から来る感情、思いが生きているのです。

一昨日、性格づけを試みたように、私たちは今、ミカエルの時代を生きています。この時代には、霊的な問題がますます私たちの魂にとって理解できるものになっていくでしょう。これまでの数世紀の間、外的な自然の知識、物理、化学、生理学の諸法則、外的な空間、時間に関わる諸法則が深く理解できるようになりました。ガブリエルの時代には、自然科学上の諸成果に対する理解力が呼び起こされたのです。その時代の魂は、世界を自然科学的に理解するように促されていました。しかし私たちは今、霊的なものを同じように理解できるようになる時代に向かって進んでいるのです。

もう一度言いますと、人類の進化の中で、今二つの時代がはっきりと分かれています。ひとつの時代が今終わり、私たちはもうひとつの時代に入ったのです。これまで以上に、霊的な傾向のある魂は、過去の時代にこだわり続ける魂から疎遠になっていくでしょう。唯物的な一元論の地盤に立とうとしている魂が、超感覚的世界を理解したいと願っている魂に較べて時代おくれになるのには、あまり時間がかからないでしょう。なぜなら一九世紀の七〇年代の頃から高次の世界の霊的な高潮が私たちの世界に流れてきたのですから。その過程で、人間と世界の進化を今導いている霊的な存在を理解することも可能になりました。

ほぼ二〇〇〇年前にゴルゴタの秘儀が生じたことは、今私たちによって人類進化の中心として受けとめられています。なんらかの宗派的な立場になくても、霊学という認識の観点からこの出来事を理解することができるようになったのです。霊学の観点をふまえれば、現代のどの宗派からもゴルゴタの秘儀の理解が期待できるのですが、なぜあれこれの立場がキリストの出来事を人類進化の大きな重心と認めたがらないのか、その理由についても、詳しくお話ししました。しかし、昨日の公開講演でお話ししたように、私たちは今、そういうことにも心を開いて向き合わなければなりません。誰かが先入見に従って、ゴルゴタで生じたことにまったく関心をもとうとしないことも、ありうることです。ゴルゴタでの出来事を無視しても、世界史の進展に変わりはない、と考える人を、素直に受け容れることも可能です。ある魂がゴルゴタでの出来事をまったく無視しても歴史の経過を考察できると思ったとしても、自然なことだと考えることもできます。私たちがそう考えたとしましょう。しかしそういう私たちが人類の進化を考察したときも、この時代を特徴づけているものが見出せるでしょう。それについては、昨日もお話ししました。ゴルゴタの秘儀以前の時代においては、環境に対する人間の魂の立場は外的な仕方で獲得されました。そしてその後、自分自身の内面性の立場への魂の推移が生じました。それはゴルゴタの秘儀をまったく知らなくても生じました。ちょうどゴルゴタの秘儀の生じた時点に、人類の外的な環境での生活から内面化へのこの偉大な移行が生じたのです。ゴルゴタの秘儀に眼を向けない人でも、このことは誰にでも感じとれます。

人類はこの時点で、転換点に立ったのです。そのことを知るためには、ゴルゴタの秘儀のことを語らなくても、別のいろいろな出来事を取り上げて説明することができます。それ以前の人類の生き方は、外を向いていました。しかしその後、時代の衝動、時代の霊の働きを受けた人びとが、内面化された生き方を始めたのです。

しかし、何かが生じるときは、あらかじめその用意がなされます。自然または歴史は飛躍しない、という通説をここで取り上げるつもりはありませんが、この言い方は一定の範囲内では正しいのです。なぜなら、用意がなされていれば、飛躍的に発展したとは言えないでしょうから。花もまた緑の葉の中で、すでに用意されているのです。ですから、人類史の転機と見られるゴルゴタの秘儀の時の転機も、すでにあらかじめ用意されていたのです。ですから古代ユダヤの最後の数世紀に生じた教え、観点に注目しますと、そこではゴルゴタの秘儀を用意している霊的存在のことを学ぶだけではありません。地上の他の諸地方にも、そのような用意をする同じ霊的存在（ミカエル）を見出すことができるのです。

ユダヤにおけるこの霊的存在の場合にも、その性格はこれまでとはまったく違っています。ゴルゴタの秘儀以前の前六世紀に、それまでのユダヤの精神生活とはまったく違った、新しい時代が、まったく新しい世界考察となって現れました。そのことはとらわれぬ眼にとっては、非常にはっきりと現れています。古代ユダヤ民族は、もちろん独自の性質をもっていますから、ここでも違った在り方をしていますが、同一の霊的存在が別の地域でも別の表現をとって現れているのです。この霊的存在は、ギリシア哲学においても、ギリシア文芸においても、ゴルゴタの秘儀の前の数世紀間を支配していました。私たちはいたるところにその存在の働きを見出すのです。転換点がいたるところで用意されているのを知るには、プラトン、アリストテレスを、それどころかソクラテスを考察するだけでも十分なのです。

さて、この地上に生じるすべての出来事は、霊界によって指導されています。ゴルゴタの出来事が生じる以前、霊界は、ひとりの使者を――当時はまだヤハヴェの使者として――、この出来事を導くために送り込みました。それはゴルゴタの秘儀に到るまでの文化期を用意した霊的存在であり、私たちの今始まった文化期の導き手でもある、あの同じ時代霊ミカエルでした。ミカエルは私たちの時代の導き手であるだけでなく、ゴルゴタの秘儀を用意した文化全体の性格づけをも行ったのです。ただ、高次の世界からこのミカエルを送り込んだ力は、あの時代にはヤハヴェまたはエホヴァと呼ばれました。

あの時代は私たちの時代のようではありませんでした。私たちの時代では、誰かが霊的な事柄を語りますと、「あなたは民族霊とか時代霊とかについては語るが、神については語ろうとしない」という非難を受けます。そういう非難をする人は、なぜ神について語らないのか、分かっていません。なぜ語らないのかといえば、私たちがその中で生きている神は、どんな人間の概念でも把握することができないからです。この点においても、部分的には非常に興味深い考え方が存在しています。私が最近、ある都市で公開講演を行ったとき、いつものように、質疑応答の時間がもたれました。そのとき、ある人が非常に賢明な質問をしました。こう質問したのです。――対象を論理的な仕方で認識するには、対象を眼の前にし、対象と向き合うことが必要である。私たちが自分の中にもっている対象についての客観的な像を、私たちがそれを眼球のように見ることができないという理由で持てないのだとしたら、神を考察するためには、神から離れていなければならないという神秘家たちの主張は正しいのだろうか。

たしかに神秘家の中には、神と向き合うためには、神から離れなければならない、と主張する人たちがいました。これは鋭い質問でしたが、それにはこう答えるしかありませんでした。――あなたは欲するままに神から離れることができると思っているのかもしれないけれども、それでも神の中に留まっている。あなたは神の中から出て行くことはできない。

論理はどんなに論理的であっても、狭い論理に留まることがあるのです。霊的なものにもっと近かった時代には、私たちがその中で生きている神的存在への畏敬の感情を人びとはもっていました。そういう神的存在はいつも名前で呼ばれていたわけではありませんから、古代ユダヤ人は、名を呼ばないで、「ヤハヴェの顔」と言っていました。顔は人間の場合、外へ向けて自分をあらわすものです。それは人間の全部ではありません。人は顔の表情を見て、その人の内面をうかがい知ります。だからといって、顔がその人全体のことだと思ったりはしません。

このように当時、ミカエルは「ヤハヴェの顔」と呼ばれていました。その意味は「代表」とも言うべきで、人間のほうを向いた顔のように、この代表を通して、ヤハヴェもしくはエホヴァは通告を発していたのです。人々は、身近な人たちの間でも、ヤハヴェそのものについて語るよりも、むしろ好んでその代表を話題にしました。ミカエルは当時、時代の霊的な統治者と思われていました。ヤハヴェの使者であり、ゴルゴタの秘儀を理解するための衝動を当時の時代に放射する霊的存在である、と思われていたのです。

さて、かつてのミカエルと現在のミカエルとの間に、一連の大天使たちが人類の霊的進化を導きました。ゴルゴタの秘儀を用意したときの霊的存在は今ふたたび超感覚的生活の潮流を感覚世界へ送り込むのと同じ存在、すなわちミカエルです。同じミカエルの時代がかつてあり、そしてまさに今、始まっています。しかし、当時のミカエル時代と今始まっている私たちのミカエル時代とは大きく違っています。かつてのミカエル時代から私たちの時代までに経過した時代を、ゴルゴタの秘儀との関連でどう理解することができるかについて述べるには、時間の余裕がありませんが、この約二〇〇〇年の間には、深く宗教的な人たちがいました。その人たちは多かれ少かれ信仰生活を深めながら、ゴルゴタの秘儀とその担い手とに対して関係をもつことができたのです。

ゴルゴタの秘儀は、現実の事実として新しい時代の出発点に立っています。けれども人間の魂がこの事実を洞察し、完全に理解できると思い上ってはなりません。ゴルゴタの秘儀の中で何が生じたのか、人間の魂は、新しい時代が来るたびに、それをより良く、より深く理解できるようになっていくでしょう。ゴルゴタの出来事そのものは人類進化の転換点として人類史全体の中に聳え立っており、この出来事の理解は、地球紀の霊的進化の過程で、これからもますます深められ、成熟していくでしょう。

このことをいくら深く心に刻みつけても十分とはいえません。一体、ゴルゴタの秘儀において何が生じたのかを、抽象的な、形而上的な観点で、理解しようとしてみて下さい。すでにいろいろな観点から述べてきました。ここではさらにもっと抽象的な立場を選んでみます。その立場は、魂に働きかけるなら、深い感情を呼び起こすことができるはずです。

通常の世界考察、通常の科学で周囲の事物を研究するとき――このことは昨日の公開講演でも述べましたが、ここでも繰り返させていただくなら――そのとき鉱物界、植物界、動物界そして人間界の生存法則を通常の思考の力で認識することができます。そして、そのときの生存法則の認識は、ひとつの理想に達することを目標にしています。すなわち生命を理解する、という理想です。しかし、生命そのものは、この地上では決して理解できません。生命を認識できるのは、神秘学だけです。外的な科学では、決して生命の洞察には到りません。物理＝化学の法則を理解するのと同じやり方で、生命の法則をもいつか理解できるようになる、と思うのは、とんでもない幻想です。それは理想ではありえても、決して到達はできません。物質界の内部で生命を認識することは不可能なのです。生命を認識するには、超感覚的な認識をまたなければなりません。

生命を感覚的に認識することができないように、死を超感覚的に認識することもできません。霊界においても、意識の恐るべき孤独化の状態は存在します。いっとき一種の眠りのような状態に陥ることもあります。けれども高次の世界には、死は存在しません。死ぬことは不可能なのです。

高次のヒエラルキアの存在はすべて、死を知りません。聖書が述べているように、天使は誕生という人間化の秘密の前では顔を覆っていました。それと同様、すべての高次の存在は死の前では顔を覆っているのです。なぜなら、死という事件は、感覚界にとってのみ可能であり、超感覚界にとってはありえないことなのですから。

高次の世界の存在全体の中で、一つの存在だけが死を通っていかなければなりませんでした。あるいは死を通っていこうと望みました。それがキリストです。キリストはそのために地上に降臨したのです。

地上の進化にとって必要なことを生じさせるために、キリストは死を知らない世界から死の支配する世界へ降下しなければなりませんでした。どうぞ、はじめは抽象的でしかないこのイメージを、感情の内容に変えようとしてみて下さい。今、抽象的に述べた事柄を完全に理解することが、人類の進化にとって必要なのです。ですからそのためにこそ、今日は、尊敬をこめ、謙虚さを失うことなく、ゴルゴタの秘儀の秘密に近づこうと思います。

　一体そのとき、何が生じたのでしょうか。すでに何度も申し上げたように、そのときキリストが超感覚的世界から今も彼の生きているこの世界へ降臨したのです。そして、そのときからキリストは、ひとつの神秘な力となって生きてきたのですが、その力が開示されるのは、私たちの世紀（二〇世紀）になってからなのです。キリストは死の存在しない世界から死の世界へ降臨しました。そして、キリストの力が、地球とひとつに結ばれました。キリストの力は宇宙的な力から地球の力になりました。キリストが死を通っていったのは、地球の仲間として生き、地球世界の中に留《とど》まるためでした。

　人類はあれこれの魂たちの中で、何世紀にもわたって、キリストを理解しようとする衝動に烈しく促《うなが》されてきました。しかし進化が、今はすでに終わっているガブリエルの時代になったとき、この理解はますます退いていったのです。そしてこんにちでも、この理解をまさにもつべき人びとにとって、この理解が困難になっているのです。なぜなら唯物主義が、こんにちの唯物論的な科学においてのみならず、神学においても、力を行使しているからです。キリスト衝動を本当に理解することができなくなっているのです。唯物主義は人びとの魂をつかみ、魂の深いところに住みついています。唯物主義は多くの点で、これまでの、今終わったばかりのガブリエルの時代の根本衝動になっていました。数多くの魂が唯物主義的な考え方を身につけたまま死の門を通っていきました。そういう事態は、それ以前の諸時代にはまったくありえないことでした。

この魂たちは、死後、死から新たな誕生まで、霊界の中で自分の今いる世界について何も知らずに生き続けました。そのようなときに、ある霊的存在がこの魂たちに出会いました。この存在が霊界でこの魂たちを見たのです。この魂たちもこの霊的存在を見なければなりませんでした。なぜなら、この霊的存在は地上の存在と結びついていたからです。たとえ感覚的な地上存在の中で、目下、不可視的に働いていたとしてもです。そして死の門を通っていったこれらの魂たちは、キリストを――ほかに言いようがないのです――自分たちの生存圏から排除することに成功したのです。

ですからキリストは、ゴルゴタの秘儀をもう一度新たに体験しなければなりませんでした。かつての出来事と同じ経過を辿ったのではありません。かつてのキリストは死を通っていきましたが、今は霊的な生存圏から排除されてしまったのです。そしてこのことによって、霊界の永遠の法則がキリストの下でまっとうされるのです。すなわち、高次の霊界において消えてしまったものが、新たに、より低次の世界で復活したのです。

二〇世紀になって、人びとの魂がゴルゴタの秘儀を理解できるようになったとしたら、それはキリストが唯物主義的な魂たちの衝動によって、霊的な生存圏から排除されたからなのです。

排除されて感覚世界、人間世界へ移行したので、この感覚世界でキリストに対する新しい理解が始まるようになりました。キリストは、それまでよりももっと内的な仕方で、地上の人間たちの運命のすべてと結びつくのです。

そして、かつての人びとが、ヤハヴェを仰ぎ見て、ヤハヴェがミカエルを送り出した存在であったこと、そのミカエルを通してヤハヴェ時代からキリスト時代へ導かれたことを知ることができたように、ミカエルを今、私たちに送り出すのがキリストであると知るのです。

このことは歴史を通して知りうる、新しい偉大な事実です。私たちは今このことを感情で受けとめなければなりません。以前の人びとは時代の導き手としてヤハヴェ＝ミカエルのことを考えましたが、今はキリスト＝ミカエルを考えることができるのです。ミカエルはヤハヴェの使者からキリストの使者になったことによって、より高次の段階へ、民族霊から時代霊へと進化を遂げました。

私たちが私たちの時代におけるミカエル衝動の意味を正しく理解するとき、キリスト衝動の正しい理解がもてるのです。

抽象的に理解しようとすると、つい名前にこだわってしまいます。繰り返し名前にこだわり、そして「ミカエルはどんな存在なのか」と問うだけで十分だと思ってしまいます。頭だけで、あれこれの位階に属するとか、大天使であるとか、大天使はあれこれの特性をもっているとかを知ろうとしますと、定義づけるだけで、こういう霊的存在のことが分かったと思い込んでしまいます。

けれどもミカエルを知るのに、そういうことは何の役にも立ちません。人類の進化を理解するためにこそ、ミカエルの進化を理解しなければならず、ミカエルが中心になってゴルゴタの秘儀の準備をしていたことを理解しなければならないのですから。そしてこの同じミカエルが今、私たちの時代において、ゴルゴタの秘儀を理解するために中心になって働いてくれているのです。当時のミカエルは民族霊でした。そして今のミカエルは、時代霊です。当時のミカエルはヤハヴェの使者であり、今のミカエルはキリストの使者なのです。そして、私たちがミカエルとその使命について語るときには、キリストのことを語っているのです。当時のミカエルは、ヤハヴェ・ミッションの担い手であり、今はキリスト・ミッションの担い手なのです。

ミカエルは、人類に新しい衝動を伝えるためにこそ、大天使の位階から時代霊の位階にまで昇ったのです。そして、それまでのミカエルの地位は、後を継ぐ別の本性によって占められました。これまで何度もこの場所で、仏陀が通ってきた進化について語ってきました。私たちの眼は、人類全体の進化に向けられています。ですから、進化に働きかけるさまざまな衝動にも、その正当性を認めてきました。繰り返して強調してきたように、ゴータマ・ブッダとして生まれた菩薩が仏陀になったことは、真実なのです。私たちはこの仏陀の進化を、仏陀がその使命を火星で受けた時点まで辿りました。それについては、すでにお話ししました。

人間が地上に留まっている限り、どんなに高いところに立っていようとも、どんなに低いところに立っていようとも、その人の輪廻転生を導いている霊的個性について語ることができます。人間を一人ひとり別々に導くことは、天使たちの役割なのです。しかし、ある人が菩薩から仏陀になるということは、自分の天使からいわば自由になるということです。そういう人を導いてきた天使は、そのあと、自分の使命をまっとうしたあと、大天使の領界へ昇ります。私たちの感覚的な進化の背後にある超感覚的な進化に眼を向け、深く深くそこに眼を向けることが可能になるなら、ある時点において、大天使が時代霊に昇り、天使が大天使に昇るのを把握できるようになります。

私が現世の背後に存在する霊界について語るのは、私たちがこういう事柄について理論的に考察するためではありません。言葉や概念で述べられている内容を感情の内容に転化するためです。ですから、神智学を学ぶということは、現在の私たちにとっては、人類進化の感覚世界の根底に存する超感覚的世界の中で、肉体をもった人間が環境の中で物質的にみずからを感じとっているように、この霊界の中で、みずからを感じとることがどういうことなのかを知る、ということなのです。霊界の中で、物質界におけるときのようにみずからを感じとるのです。けれども、私たちの中には霊がある、霊がある、霊があるとただ主張するだけでは、霊界の中でみずからを感じとったことにはなりません。地上にあって雲を見、湿度その他を感じとるように、私たちが毎夜、眠りと共にその中へ沈んでいく霊界をも、そのように生まなましく感じとるのでなければなりません。キリストによってミカエルに託された使命がこの霊界の中に生きていることを感じとれなければならないのです。その使命は、かつてヤハヴェ衝動がゴルゴタの秘儀を用意したときに働いた大天使に託されているのです。

　こういうことが、私たちの物質的＝感覚的な進化の背後で生じているのです。そして私たちが大気を吸収して物質生活をいとなむときと同じように生まなましく、霊界におけるこういう出来事の中でみずからを感じとるのでなければなりません。霊界の中にあって、しっかりと意識を保つのでなければなりません。

　皆さんの理性と感性を総動員して、今お話ししたような神秘学の成果を受けとろうと試みて下さい。毎夜眠ってから赴くところ、毎朝目覚めるときそこから戻ってくるところ、そこで霊的に、私たちの周りに生じる事柄の中で、まさにこんにちの時代にふさわしい認識を失わずに、生きること、このことを実感し、理解することができるように、どうぞ試みて下さい。しばしば抽象的に語られる「神の摂理」を、できるだけ具体的に感じとろうと試みて下さい。そのことこそ、私たちの時代にふさわしい意識のありようなのです。過去の時代の人びとがもっぱら世界のいたるところに働いている摂理を不確かにしか感じとれずにいたとすれば、現代においてはその摂理を個々の本性として認識し、感じとれるように試みて下さい。

過去の時代は、自然科学を構築しなければならなかったのです。その時代は、外的な世界観を打ち立てるために、人間の魂の中に自然科学を正しく生かすことが求められたのです。その時代には、自然法則は正しいものでした。けれどもマーヤー（幻影）であるこの外なる世界の中では、絶対的に良いもの、悪いものなど存在しません。自然法則も、私たちの時代である、霊的な生命が感覚世界に流れ込む時代になっても、世界観構築のために用いられ続けますと、悪《あ》しきものになってしまいます。過去の時代の成果をとやかく言うつもりはありませんが、自然法則がかつての時代と同じように、こんにちも有効であり続けようとしても、新しい啓示には役立たないのです。

ミカエルは過去の時代においては、龍を退治しませんでした。なぜなら龍は、その当時はまだ龍ではなかったのですから。その龍が自然科学上の概念、理念となって、今の時代の世界観の構築のために用いられるようになると、龍になるのです。自然科学の流れが、今始まる時代の時代霊ミカエルによって退治される龍としてイメージされるのです。

ミカエルが龍を退治する、というのは重要な霊視内容です。霊的な生命の流れが感覚世界に流れ込むときのイメージです。今からミカエルの働きが始まるというのです。私たちは龍を克服するために、ミカエルに加担します。龍は過去の時代に唯物主義をもたらした諸理念の中にもぐり込もうとします。そして、未来にまで生きのびようとするのです。この龍を克服するために、ミカエルに協力するのです。これが「龍を退治するミカエル」というイメージの意味です。

龍を退治するミカエルの姿は、古いイメージですが、このイメージは、以前の時代には、別の意味をもっていました。今、私たちの時代のための意味を見出さなければなりません。新時代の人間として私たちが何に関与すべきなのかを感じとるために、「龍を退治するミカエル」のイメージは大切なイメージです。

ですから、この龍を退治するミカエルの姿を私たちの霊視の対象にしようと試みて下さい。私たちの時代を理解するために、私たちの時代の霊的な導きを具体的にイメージしようと試みて下さい。その導きは、誠実に、真剣に霊的生活をますます向上させようと努めるすべての人の魂のための霊的な導きでもあるのです。

天使は私たちのアストラル体の中で何をするのか

チューリヒにて

1918年10月９日

Was tut der Engel in unserem Astralleib?

人智学者であろうとするなら、霊の理解を理論的な世界観の問題に留めてはなりません。それを生活内容、生活力にしなければなりません。人智学は、私たちの内部で本当に生きた世界把握力となるときにのみ、自己本来の課題を果たすことができるのです。実際、自分の魂が人智学の意味での霊理解を獲得するのでなければ、私たちは現代という人類史上の重要な発展期の過程を正しく見守ることができないでしょう。

特定の世界観に従って生きる人は、たいていは思想や観念が人間の魂の中に存在するだけであり、それ以外の在りようは考えられない、と思っています。ですから、理想としての思想や観念が世界において有効な働きをするには、眼に見える行為を通してそれを実現させなければならない、と信じています。人智学の考え方からすれば、私たちの思想や観念が自己を実現させようとするときには、眼に見える行為を行うときとは異なる道を見つけ出さなければならないのです。私たちの人生にとって大切なこの第二の道を認識しようとするのでしたら、まず時代のさまざまな徴候をよく見守る必要があります。世界中で現在、いろいろな事柄が起こっています。自分の生きている時代のいろいろな事柄を本当に理解することが、特に現代人には求められているのです。

誰でも個人の次元では、自分を取り巻く外的諸事象だけでなく、自分自身の成長にも注目しなければならないことをよく知っています。大雑把な言い方になりますが、次のように考えてみて下さい。同じ外的、感覚的な諸事象が五歳、一〇歳、二〇歳、三〇歳、五〇歳、七〇歳の人たちを取り巻いているとします。しかし誰も、理性さえあれば、五歳、一〇歳、二〇歳、五〇歳、七〇歳の人間とその諸事象との関係が同じものであるとは思わないでしょう。人間と外的環境との関係は、当の人間の内的進化を顧慮しなければ理解できません。一人ひとりの人間の場合なら、誰でもこの事実を認めます。人は誰でも、子どものとき、中年のとき、老年になったときにそれぞれ異なる能力を発揮しつつ、外界と関わっていくように、人類の進化過程においても、人類は外界に対してそのつど別の能力を発揮して来ました。ですから二〇世紀の人間、一五世紀の人間、さらにはキリスト時代の人間がそれぞれ本質的に異なっていることに注意しないなら、世界進化の過程を眠りながら過ごすことになってしまいます。そして、まさに私たちの時代の最大の欠点、誤謬、混乱は、人びとが今述べた事柄に注目せず、人間もしくは人類のことをまったく抽象的に一般化して語り、その進化発展を顧慮しようとしないところにあるのです。

それではどうしたら、この点を具体的に顧慮できるようになるのでしょうか。――人類の進化については、私たちはこれまでも何度となくある重要な事実に注意を向けてきました。すなわち、前八世紀から一五世紀に到る「ギリシア＝ラテン期」が悟性魂（もしくは心情魂）の文化期であり、一五世紀以降は意識魂の文化期である、ということにです。こう述べることによって私たちは、時代との関係において、人類進化の本質的な部分を特徴づけたのです。一五世紀から四千年紀の初頭に到るまでの人類進化の主要な力は、意識魂なのです。しかし、真の霊学においては、決して一般的、抽象的なところに留まることはできません。どんな場合にも具体的に事実を把握しようとしなければなりません。通常の意味での好奇心を満足させるだけなら、抽象化した言い方でも済むでしょうが、霊学を生活内容、生活力にしようとするのでしたら、好奇心を満足させるときよりも、もっと真剣な態度で臨まなければなりません。私たちが意識魂の時代に生きているということ、特に意識魂の育成を考えなければならないということ、それはまったく重要なことなのです。けれども私たちは、それだけで済ますわけにはいきません。

私たちがこの点の見通しをはっきりさせようとするのでしたら、人間本性そのものに眼を向けなければなりません。私たち人間は、霊学の観点から見ると、いわば上から下へ向かって、自我、アストラル体、エーテル体（最近私は「形成力体」とも呼びました）、肉体に区分されます。人間本性のこの区分に従って言えば、本来私たちは自我の中だけで、魂的霊的な私たち自身の在りようを体験しています。この自我は地球進化の過程で、その進化を指導する形態霊によって私たちに与えられました。私たちの意識に現れてくるものはすべて、根本においては、私たちのこの自我によって意識化されます。そして、この自我は体の働きを通して、外界と結びついています。もし外界とのこの結びつきが失われれば、私たちは睡眠中のように、意識をもたぬまま生きていくでしょう。自我が私たちを外界と結びつけているのです。私たちのエーテル体は地球紀に先行する月紀の進化の過程で私たちに与えられました。アストラル体はさらにそれに先行する太陽紀の進化の過程で、肉体の最初の萌芽は土星紀の進化の過程で、私たちに与えられました。

　しかし『神秘学概論』におけるこれらの「体」の記述を辿る読者は、こんにちの人間本性を形成しているこれら四つの部分が、なんと複雑な仕方で生じたのだろう、とお思いになるでしょう。『神秘学概論』をお読みになると、肉体、エーテル体、アストラル体という人間存在の三つの莢《さや》を形成するのに、すべてのヒエラルキアの霊たちが共同で働いていたことに驚かされるのではないでしょうか。私たちを包んでいる肉体、エーテル体、アストラル体がなんと複雑な性質をもっていることか、と思わずにはいられないでしょう。しかし、ヒエラルキアの霊たちは、これらの莢を生じさせたときだけ共同で働いていたのではありません。霊たちは、こんにちでも、これらの体に働きかけているのです。人間存在とは近代自然科学、生物学、生理学、解剖学が物語るところの骨や血や肉などの合成物にすぎないと思っている人は、人間を理解していないのです。

人間のこの三つの莢に向き合い、その実体、その真理を見極めようとするなら、高次のヒエラルキアの霊的本性たちの叡智がどれほど計画的に互いに働き合っており、私たちの意識のない体的な莢のために、どれほど共同して働いているかが分かります。私は『神秘学概論』の中で、人間を生み出すために高次のヒエラルキアの存在者たちが共同で行ってきた作業について述べましたが、このいわばスケッチ風な輪郭づけからも、この経過が個々の点でどんなに複雑な様相を呈しているかを読みとっていただきたいのです。けれども、人間を本当に理解しようとするなら、この問題をさらにもっと細部にわたって具体的に観察しなければなりません。

ところが、この分野で問題を具体的に把握することはとても難しいのです。考えてください。人類史の現段階、つまり一九一八年の段階で、「人間のエーテル体の中で、例えば、セラフィームもしくはデュナメイスの位階の霊的存在者たちが何をしているのか」、という問いを出すとします。――実際、私たちはこのような問いを出すことができます。ちょうど、ルガノで今雨が降っているかどうかという問いを出すことができるのと同じようにです。このような問いはいずれも単なる思弁や理論によってではなく、事実に即して答えることしかできません。今ルガノで雨が降っているかどうかを電報や手紙などで問い合わせるように、「叡智霊やトローネが現段階の人間の、例えばエーテル体の中でどのような働きをしているのか」という問いは、本当に事実に即し答えなければなりません。――しかし、この問いは非常に複雑な問題を含んでいますので、私たちはこの問いに少しずつ近づいていくことしかできません。人間が真の認識のために努力するとき、その認識の翼で一気に天にまで飛翔して、高慢になったりしないように、この分野では天の配慮がなされているのです。

霊的ヒエラルキアの中で私たち人間に直接関わりをもつのは、私たちに一番近い霊的存在者たちです。この存在者については私たちははっきりと認識できます。人間は進化の過程を眠って過ごすべきでないとすれば、この存在者をはっきりと認識できなければならないのです。そして「デュナメイスやトローネが私たちのエーテル体の中で何をするのか」というような、具体的ではあっても曖昧で漠然としている問いではない問いを出さなければなりません。――私は皆さんにもっと現代人の心に訴えかける問いを出したいのです。つまり「人間にもっとも近い霊的存在者である天使が現代人のアストラル体の内部で何をしているのか」、という問いです。

アストラル体は私たちの自我にもっとも近い存在です。ですから、この問いは私たちにとってとても切実なものであるはずです。天使は人間のヒエラルキアに隣接する高次のヒエラルキアです。ですから、これは神秘学の問いとしては身近かな問いなのです。「一五世紀に始まり、四千年紀の初頭まで続く人類の成長期に、天使が人間のアストラル体の中で何をするのか」。実際、この問いは、あとで述べるように、私たちにとって非常に重要なのです。

さて、この問いに対してはどのような答え方ができるのでしょうか。真の霊学研究は理論を弄《もてあそ》ぶのではなく、霊界へ近づこうとする努力なのです。そのような努力の過程で、この問いのように意識の分野に隣近する霊的事象との関わりが明らかにされていくのです。しかし、まさに意識魂の時代だからこそ、この問いが切実な問いとして立てられ、答えられるのだ、とも言えます。

と申し上げると、皆さんはおっしゃるでしょう。——しかし他の時代にもこのような問いを出すことは可能だし、それに答えることもできるだろう——。しかし、太古の見霊の時代にも、ギリシア＝ローマ文化の時代にも、この問いに答えることはできません。なぜなら、太古の見霊体験の中で、魂が受け取る像が、アストラル体における天使の行為を曖昧に映し出してしまうからです。太古の見霊能力によって受け取る像それ自体が天使のこの働きを見えなくさせているのです。そしてまた、ギリシア＝ローマ時代の思考は、こんにちほど力強くはありませんでした。思考には近代という自然科学の時代の中で力強さが加わって来ました。意識魂の時代とは、このような問いに意識的に関わることのできる時代なのです。私たちが理論で人の心をたぶらかすのではなく、生きる上で深い意味をもつ事柄を述べることができる中で、生きる上での私たちの霊学の豊かな成果が示されているのです。

天使は私たちのアストラル体の中で何をするのでしょうか。それに答えるには、私たちがある程度、見霊的観察を試みて、私たちのアストラル体の中でのいとなみを見なければなりません。そのとき初めて確信をもって答えることができるのですから、少なくともある程度の霊視力を働かせなければ、この問いには答えられません。そうすれば、天使の位階にある存在者たちが――そして各人に対する課題を背負っている一人ひとりの天使や特にその天使たちの共同作業が――人間のアストラル体の中に像を作り出していることが分かります。形態霊の導きの下に天使たちは像を作り出しているのです。霊視による認識を行わないと、私たちのアストラル体の中で絶えず像が天使によって形成されていることが分かりませんが、現れては消えていくこの像が形成されないなら、形態霊の意図に応じた未来への人類の進化は存在しないでしょう。地球紀の終末に到るまでに、形態霊が私たちと共に達成しようと望んでいるものは、まず像（イメージ）となって生み出されるのです。そしてこの像が、後には人間存在の中で現実となって現れるのです。天使が人間のアストラル体の中にどんな像を形成するかは、見霊能力にまで進化した思考によって認識できます。この思考によって天使が私たちのアストラル体の中に形成するこの像を辿ることができ、そしてこの像が特定の衝動、特定の原則に従って形成されていることが分かります。この像の中に人類の未来への進化を促す力が備わっていることが分かるのです。こう言うとひどく奇妙に聞こえるかもしれませんが、この像の形成作業を行う天使を観察しますと、天使が人間の未来の社会形成のために特定の意図をもって働いているのが分かるのです。天使が人間のアストラル体の中に産み出す像は、未来の人間社会における特定の状況を生じさせるためのものなのです。

天使が未来の社会理想を人間の中に生じさせようとしていることを是認したがらない人は大勢いるでしょうが、事実はこうなのです。しかも天使によるこの像の形成には特定の原則が働いています。つまり、自分の傍らにいる他人が不幸であったら、未来においてはどんな人にも安んじて幸福を享受させたりはしない、という意図が働いているのです。人類同胞の絶対的な友愛、絶対的な統一への衝動、共同社会における本当の友愛衝動が原則として働いているのです。天使が人間のアストラル体の中で像を形成するのを見る際の、これがひとつの観点です。

しかし、天使は第二の衝動をも持っています。すなわち、天使は外的社会生活に関して一定の意図をもつだけでなく、人間の魂のいとなみに関しても一定の意図をもっているのです。未来においては誰もが隠れた神性を自分の魂の中に見るようになるという目標を、天使はアストラル体に刻印づける像を通して達成しようとするのです。

ですから、天使のこの作業意図によれば、私たちは理論的実際的に人間を高度に発達した動物であるとみなすのではなく、各人に向き合い、「人間の中には神的宇宙根拠に由来するものが血と肉を通して開示されている」、と感じるようになるべきなのです。――できるだけ真剣に、できるだけ深く、人間を霊的存在として理解すること、そのことを天使は今すでに像として示してくれているのです。

このことはすでに、こんにち重要な結果を生じさせています。将来、発達すべき自由な宗教性は、各人の中に神の似姿を、理論としてのみならず、生活実感として認める、ということに基づいています。このことが認められれば、特定の宗教を強要する必要がなくなります。そのときは人と人との出会いそのものが、はじめから宗教的な行為、ひとつの秘蹟（サクラメント）になるでしょう。そして外的な制度として教会によって宗教生活を維持しようとは誰もしなくなるでしょう。生活全体が超感覚的なものの表現となるのです。そのとき、教会が自分を正しく理解すれば、地上界における自分の存在が不必要なものになったことを認めるでしょう。

人間に宗教生活上の完全な自由を体験させることこそが、天使の作業衝動の根底にある意図なのです。ここに第三の原則が加わります。すなわち、思考を通して霊に到る可能性、深淵を超えて霊体験に到る可能性を、思考を通して人間に与えるという原則がです。霊のための霊学、魂のための宗教の自由、身体のための友愛、この三つが天使の作業によって人間のアストラル体の中で宇宙音楽のように交響するのです。私たちが意識を別の層にまで高めることができれば、人間のアストラル体における天使のすばらしい工房の中へ入っていくことができ、以上の点を実感することができるのです。

私たちは意識魂の時代に生きています。天使はこの意識魂時代に今述べた事柄を人間のアストラル体の中で行うのです。現代人はこのことを次第に意識的に理解できるようにならなければなりません。このことは人類進化の本質に属する事柄なのですから。

それでは今述べた事柄をどうしたら実現できるのでしょうか。私たちはどこにこの作業を見出すのでしょうか。こんにちの私たちはこの作業を眠っている人間の中に見出します。眠ってから目覚めるまでの人間の睡眠状態の中に、です。私たちはまた、この作業を目覚めている睡眠状態の中にも見出します。私がこれまでしばしば述べてきましたように、私たちは目覚めているにもかかわらず、人生の重要なひとこまひとこまを眠りこけて過ごしていることがよくあるのです。本当に目覚めている人の眼から見ると、こんにち大切な状況の中で眠り込んでいる人が大勢いるのです。このことをそうだ、と納得するのはもちろんあまり嬉しいことではありませんが。そのような大勢の人たちが今、この世の出来事に対して、興味ももたず、気にもかけず、自分をそれに関わらせることもなく、生じるがままにしています。人びとは一見目覚めているように見えますが、大きな世界史的な出来事も、しばしばその傍らを通り過ぎていくだけなのです。しかし、人びとが目覚めていながらまさに特別大事な事柄の前で眠りこけているとき――その人たちが知ろうとしている、していないにかかわらず、それとはまったく無関係に――、天使のあの重要な作業がその人たちのアストラル体の中で行われているのです。

　こうした事柄は、人間にとってまったく謎めいた、矛盾したもののように思われるでしょう。人びとは霊界のことなど特に問題にするに価しない、と思っています。けれども本当は、その人はこの世の人生において、恐ろしい寝坊《ねぼ》すけとして一生を過ごしているのです。その人の周りで起こっているすべてに対して眠りこけているのです。しかし、それでもその人のアストラル体の中で、天使共同体の一員が人類の未来のために働いています。アストラル体は、眠りこけているときでも、天使によって利用されています。私たちは自分のアストラル体の中にこのことを認めることができます。けれども大切なのは、人間の意識がそのような事柄の中へ入っていくことです。意識魂は、このようにして、自分が見出せるものを本当に見出せるようにならなければなりません。

　このことを前提にすることができれば、きっと意識魂の時代に生じる大切な霊的課題を理解していただけると思います。そして、この課題が実際に果たされるかどうか、果たされるとしてもどのように果たされるかは、すべて人間の意識魂の在りように依存しているのです。この課題は一世紀早く果たされるかもしれませんし、一世紀おくれて果たされるかもしれません。しかしいつかは人類の進化の中で果たされなければならぬはずなのです。――つまり、意識魂の働きである意識的な思考によって、人類の未来を用意する天使の働きを直観する、という課題を私たちは必ず果たすに違いないのです。——霊学がこの点で明らかにする事柄は、人間生活の実際的な智慧にならなければなりません。今私が申し上げました事柄を天使が望んでいるのだということ、それを人間は認識することができるのです。そのくらいの智慧を自分がもっている、という確信を、私たちはもつことができるのです。

この課題に対して眠り込んで過ごすか、それともそれを意識して迎えるかは人間自身の在り方いかんにかかっています。人類はそれほどにまで自由な存在になったのです。この課題をまったく意識的に受けとるとは、何を意味するのでしょうか。まったく意識的にこの課題を受けとるとは、次のことを意味します。——私たちはこんにち、霊学を研究することができます。すでに霊学は眼の前にあるのです。私たちは誰にも妨げられずに、霊学を研究することができるのです。そして、そのうえさらに私たちが『いかにして超感覚的世界の認識を獲得するか』に述べられているような指針を通して、いろいろと瞑想を実践すれば、この研究はさらに深められます。しかし霊学を研究し、それを正しく意識的に理解するだけでも、先に述べた課題にとって必要なことがすでに生じます。こんにちでは見霊能力を獲得しなくても、霊学を研究できます。偏見によって自分で自分の道を閉ざすことがなければ、誰でもそうすることができます。霊学の与える概念、理念を身につけて霊学研究を続ける人は、この課題を眠って見過ごすのではなく、意識的にそれに向き合うほどに意識を目覚めさせているはずです。

この課題については、さらにもっと詳しく述べることができます。——根本的には、天使が何をするのかを私たちが知るというのは、あることの準備にすぎないのです。あることとは、特定の時点に三つのことを生じさせる、ということです。すでに述べましたように、人間の在り方しだいで、この時点が遅かれ早かれ生じます。最悪の場合には全然生じないかもしれませんが。しかし、天使界を通して三重のことが人類に示されるという事実は生じなければならないのです。第一に、私たちが自分のだけでなく、他人の人間本性の深層をも本当に深く、切実な関心と共に理解できるようになることです。実際、私たちがこんにち、もっているよりもはるかに深い関心をもって、他人に対するようになる時点が、眠り込んでいるべきでない時点が来るに違いありません。それは、天使によって霊界からの衝動として与えられるのです。隣人に対する私たちの関心の高まりは、各人が自分の中で安易に生じさせるような、単なる主観的なものとして生じるのではなく、他人の秘密に充ちた本質が霊的側面から私たちに流れ込んでくるときのその衝撃力によって生じるのです。これは単なる理論なのではありません。まったく、まったく具体的な事実として申し上げるのです。人間は将来、どんな人に対しても関心を寄せることができるようにならなければならないのです。

この点が第一です。このことを社会生活では特別大切なこととして経験するようになるでしょう。そして第二には、まさに「キリスト衝動」が完全な宗教の自由を人間に保証するでしょう。絶対的な宗教の自由を可能にするものこそが本当の「キリスト精神」なのです。このことを必ず天使が霊界から人間に明示するでしょう。そして第三には各人は宇宙の、世界の霊的性質を必ず洞察するようになります。

すでに申し上げましたように、以上の事情が人類に生じます。しかし、それには人間の意識魂がそこに働いていなければなりません。この点は人類史の進化のひとつの関門なのです。そして、天使は人間のアストラル体の中で像を生み出しながら、この意識魂の関門を通過できるように働いています。しかし、この事情は人間の意志の働きと不可分です。人間はいろいろ必要な事柄をするのを怠っています。そして、多くの人が上述した時点での目覚めの体験へ導くことのできる多くの事柄を無視しているのです。

しかし、繰り返して述べて来ましたように、宇宙進化の過程には、アーリマン、ルツィフェルという別の種類の霊的存在たちが働いており、人間をその歩むべき道から引き離そうとしています。そして、このことは神の摂理に従っていることでもあるのです。

本来人間は、自己固有の本性に従う限り、天使が人間のアストラル体の中で行う働きを直観できるはずなのですが、ルツィフェルの働きによって、天使の位階の働きを洞察できなくされています。ルツィフェルたちは人間の自由意志の働きを妨げることによって、この洞察を人間から奪っています。ルツィフェルたちは、ここで述べる観点から言えば、本来人間のために善いことを、霊的なことを望んでいます。しかし、彼らは人間を善なる存在にしようとしているのですが、自由意志をもたぬ自動人形のような善人にしようとしているのです。そのために、自由意志を行使し始めると、どうしたらいいのか分からなくなるような人間にしようと試みています。ルツィフェルたちは善い原則に従って、人間に見霊能力を与えようと努めているのですが、自動人形的にそうなるように導くのです。ルツィフェルたちは悪を行う可能性を、別の言葉でいえば、自由意志を行使する可能性を人間から奪い取ろうとします。人間に与えようとする霊的な性質には自由意志が欠けているのです。ルツィフェルたちは人間を自動人形のような機械もしくは影絵のような存在にしようとしているのです。

このことは進化ということの深い秘密と無関係ではありません。すでにたびたび申し上げましたように、ルツィフェルは別の進化段階に留まり続けている存在たちですから、正常な進化の過程に異質な要素を持ち込みます。つまり、自分が自由意志を獲得しなかったので、人間も自由意志を持てなくなるように願っています。

自由意志は地球紀においてしか獲得することができないのですが、ルツィフェルたちは地球に関わりを持とうとしないのです。土星紀、太陽紀、月紀の進化の過程にのみ心を向け、その過程の中に留まり続け、地球紀の進化のことは考えまいとします。そして人間の自由意志を憎んでいます。彼らの行動は高度に霊的なのですが、その行動は自動人形的です。——どうぞ、このことを非常に重要な事実として受けとってください。彼らは人間をそのような彼ら自身の高みへ、彼らのいる霊界の高みへ引き上げようとするのです。彼らは人間を自動人形にしようとします。霊的であればあるほど、機械的にならざるを得ない存在に、です。その結果、一方において人間は、十分に意識魂を発達させる前に、あまりにも早くから霊的に自動人形的な存在になってしまう危険が生じます。そうなってしまえば、私が先程申し上げた来たるべき啓示を眠り込んだままで見過ごしてしまうでしょう。

しかし他方、アーリマンたちもこの啓示に対抗して働いています。彼らは人間を霊的な存在にしようとするのではなく、人間が自分の霊性を意識化できないようにしようとするのです。そして、自分が完全な進化を遂げた動物なのだ、という直観を人間にもたせようと努めます。アーリマンは唯物論的ダーウィン主義の偉大な教師です。また地球紀におけるすべての技術開発の偉大な教師でもあります。技術の開発はすべて、人間の外的感覚活動の及ぶ範囲内で行われます。そこでは洗練された仕方で、基本的には動物が求めるのと同じ衣食住の要求を満たすために、広範囲にわたって生活のために技術を応用しようとしているのです。人間が神の模像であるという意識を人間の中から消し去ること、このことをアーリマンたちはあらゆる種類の洗練された手段を用いて、現代の私たちの意識魂に対して行っています。

昔でしたら、理論によって霊的真理を曇らせるということに、アーリマンたちはあまり関心を持たなかったでしょう。なぜでしょうか。ギリシア＝ローマ期、もしくはそれ以前の時代、人間がまだ先祖返り的な見霊能力を持ち、ヴィジョンを体験していた頃には、人間がいかに思考力を働かせるかはまったくどうでもよいことでした。人間はヴィジョンを見ており、そのヴィジョンを通して、霊界を体験していました。そのような人間にアーリマンが人間は動物と同じ存在だと説いたとしても、その人間の生活態度には何の意味もなかったでしょう。

一五世紀以来の第五後アトランティス期になると、人間の思考力は力強く発達するようになりました。思考力が強力になったあまり、その思考によって自分の存在の根拠をも否定することができるようになったのです。つまり一五世紀以来、思考は意識魂によって担われるようになったのですが、その結果、意識魂は霊界へ参入することができなくなったのです。

そして現在、私たちが体験しているのは、科学理論が意識的な仕方で、神性や神的存在を認めることを人間に許さなくなったということです。このことは意識魂の時代でなければ不可能なことです。ですから今、アーリマンたちは、人間の神的起源を理解できなくさせる教えを広く普及しようと努めています。人間の正常な進化に反するこのアーリマンの意図を知ることができれば、私たちはそれぞれ自分で自分の人生の軌道を正しく修正して、人類進化のための啓示を前に、眠り込んだりしないで済むようにできます。そうしませんと、大きな危険がいたるところに待ちかまえています。私たちはこの危険によく注意しなければなりません。そうしませんと、地球進化の未来を形成する大切な働きを忘れて、人類を危険なわき道へ逸《そ》らせるきっかけを生じさせてしまいます。

ある種の霊的存在者たちは、進化を遂げる人間を通して、その人間と共に進化していきます。人間のアストラル体の中に像を産み出す天使たちも、そのような像を戯れに産み出すのではありません。それによって自らの進化のための何かを得ようとしているのです。しかし、その進化はまさに地球紀の人類の中で獲得されねばなりませんから、人間自身がもし意識魂を獲得したあとでも、人類の進化のための課題をゆるがせにしておくならば、進化そのものをいい加減なものにしてしまうでしょう。すべてが遊びにすぎなくなるでしょう。天使たちも人間のアストラル体の中で、ただ遊び戯れるのと同じことになるでしょう。

天使が人類進化のための現実の力となりうるときにのみ、天使の働きは遊びではなく、真剣なものになるのです。このことをよく考えれば、皆さんは天使の働きがどんな場合にも真剣なものなのだということを納得なさるでしょう。どうぞ考えてください。人間がただぼんやり過ごして、天使の働きを単なる遊びにしてしまうとき、宇宙進化のいとなみ全体の舞台裏で、それがどう受けとめられているかをです。

もし地上の人間が未来にとっての重要な霊的啓示の前で眠り込んでいるなら、いったい宇宙の進化はどうなるでしょうか。例えば、人間が宗教の自由に関する課題を前にして眠り込んでしまい、私が繰り返して述べてきたゴルゴタの秘儀のエーテル界での再現を、エーテル体をまとって再来するキリストを、眠り込んだまま迎えるとするなら、天使が人間のアストラル体の中にヴィジョンを産み出すことによって達成されるべきものが、別の道の上で天使によって達成されなければならなくなります。そして、目覚めている人間がアストラル体の体験をもてないときには、天使は眠っている人間のからだを通して、自分の意図を実現しようとするでしょう。ですから、覚醒時の人間が眠り込んでいるために、天使が達成できずにいる事柄を、天使はベッドに横たわっている人間の睡眠時の肉体とエーテル体との中で達成しようとするでしょう。人間の肉体とエーテル体はこのことを達成するための力を天使から求められるでしょう。目覚めた魂がエーテル体と肉体に結びついて存在しているときに、その目覚めた人間が達成できずにいるものが、自我とアストラル体が外へ出ているときの睡眠中の人間のエーテル体と肉体によって達成されるのです。

　このことは意識魂の時代にとって大きな危険になります。それは三千年紀の初頭以前の人間がいつまでも霊的生活に向かおうとしなかったときに、天使によって遂行されることになるかもしれないような出来事です。私たちはまだ三千年紀に到る少し前に生きています。三千年紀は紀元二千年から始まります。覚醒時の人間の代わりに、睡眠中の人間のからだを用いて、天使は達成されるべき事柄を達成しようとするでしょう。天使は、自分が人間のアストラル体に加えてきたすべての働きをそこから引き出して、それをあらためてエーテル体の中に沈め、それによって自分の課題を実現しようとするでしょう。しかしその際、人間はその天使の働きに共に参加してはいないでしょう。人間が自分から進んでその働きに参加しようとしませんと、その働きはエーテル体の中で実現されねばならなくなるのです。なぜなら、その人間がその際目覚めていたとすれば、きっとそれに協力するのではなく、それを妨げてしまうでしょうから。

　今、私はこの問題の一般的な考え方を説明しています。しかし、人間が自主的に参加することなく、天使が眠っている人間のエーテル体と肉体との中でこのような仕事をするとき、それによって一体何が生じるのでしょうか。それによって三つの事柄が人類の進化の中にどうしても生じてしまうことになるでしょう。第一に、眠っていて、自我とアストラル体を働かせていない人間のからだの中に、自由を通して意識的に見出すのではなく、朝目覚めたときに眼の前に見出すところのものが産み出されるのです。人間は思わずそれを眼の前に見出します。ですから、それは自由の意識ではなく、本能になるのですが、それによってそれは、人間の進化にとって有害なものになるのです。

　この危険が天使たちによってつくられますと、人間の誕生、受胎、セックスのいとなみのすべてに関係のある本能の行為が有害なものになる危険が生じるのです。この天使の働きによって天使たち自身もある種の変化を遂げることになりますが、そのことについては今お話しすることができません。天使のこの変化は霊界参入学の高次の秘密に属しており、それについてはまだ語ることが許されておりません。とはいえ、次のように言うことは、許されると思います。――「人類進化の過程でこれから生じる事柄は、明るい目覚めた意識の中で、有益な仕方で生じるのではなく、有害な破壊的な仕方で、ある種の本能がセックスのいとなみから、セックスの在り方から生じてくる。その本能は個人的な迷いを生じさせるだけでなく、社会生活の中へ移行して、社会生活の中で影響を及ぼすであろう。とりわけセックスのいとなみの結果、血の中に入ってくるものによって、地上に友愛が生じるのではなく、友愛に反抗するようなものが本能になってしまう」。

ですから、人類は分岐点に到るのです。そこからは右のほうへ向かって行くこともできます。そうすると、必然的に目覚めなければなりません。左のほうへ行くこともできますが、その場合は眠り続けることになります。しかし、そのときに現れてくる本能は恐ろしいものになるでしょう。こういう本能が現れるとき、自然科学者は何と言うでしょうか。「それは自然必然性だ。そうならざるをえなかったのだ。それが人類の進化ということなのだ」と言うでしょう。

私たちは自然科学によっては、このような事柄の本質に注意を向けることができません。なぜなら自然科学的に、人間が天使となることを説明できるでしょうが、人間が悪魔となることも同様に説明できてしまうでしょうから。この二つの場合について、自然科学は同じことを言うに決まっています。「その結果は以前の事柄から生じてきたのだ。自然を因果論的に説明することは人類の偉大な叡智だ」、と言うでしょう。しかし、私が皆さんに述べた出来事について、自然科学は何も気がつかないでしょう。なぜなら自然科学は、人間がセックス本能によって半ば悪魔的になるとき、当然のようにそのことを自然の必然であるとみなすでしょうから。自然科学によっては事柄の本質が全然説明されません。すべてが自然科学によっていつかは解明されうる、という考え方があるとしても、本能の問題は霊的認識、超感覚的認識によってのみ洞察できるのです。

これがひとつです。第二にこの作業、つまり天使の変化を可能にするこの作業から、さらに別の事柄が人類のために生じてきます。それはある種の医薬による本能的な認識です。しかし、その認識は有益というよりは、むしろ有害な認識になるのです。医療は今後、巨大な、唯物論的な意味で巨大な進歩を経験するでしょう。人はある種の成分の治癒的作用を本能的に洞察するようになるでしょう。そして、それによって恐るべき弊害を惹き起こすでしょう。しかし、人びとはその弊害を有益なことだと言うでしょう。人びとは病的な状態を健全なことだと言うでしょう。なぜなら、それが自分の気に入るでしょうから。一定の方向へ向けて不健全に陥るとき、人びとはそのことを好ましいと思うのです。それゆえ、ある種の治癒力を認識する力が高められますが、その認識力はまったく有害な方向に進んでいくでしょう。とりわけある種の本能によって、ある種の薬剤の治癒力を知るようになり、それによって人びとはまったく利己的な動機に従って、病気を生じさせたり、生じさせなかったりすることができるようになるでしょう。

未来に生じる第三の事柄は、機械の作り出す波動を合成するというような、容易な手続きだけで、世界に大きなエネルギーを放出することができるようになるでしょう。そのようにして、機械を霊的に支配する術を本能的に認識するようになるでしょう。そして、その際の技術全体が荒涼とした水路をとるようになるでしょう。しかし、この荒涼とした水路は、人びとの利己主義にはよく奉仕し、人びとも気に入ることでしょう。

以上は地球上での人類の進化を具体的に理解するための一例ですが、このことの理解は、唯物的な生き方では本質的な生き方になりえないことをよく知っている人だけに、可能なことなのです。人類に有害な医療が生じるとき、一方では唯物的な生き方をする人に性的本能の恐るべき興奮を生じさせ、他方では霊的な力で自然力を利用し、そして全世界の機械化を達成しようとするでしょう。唯物的な世界観では、そのような事柄を洞察できないでしょうし、正しい進化の道から迷い出ても、それを知ることができないでしょう。ちょうど眠っている人が盗みに入った泥棒のことを知ることができないようにです。眠り込んでいる限り、盗まれても、その事件はその人の前をただ通り過ぎていくのみです。目が覚めたあとで、やっと何が起きたのかを知らされるのです。しかしそうだとすれば、その人にとって非常に寝覚めの悪い朝を迎えることになるでしょう。人びとは特定の経過や特定の成分の治癒力を本能的に知ることができたことに満足を感じるでしょう。そして、異常な性の本能をさらに追求し続けることに快感さえも覚えるでしょう。そのような追求を普通の人にはできない、特別高度な要求であり、偏見や拘束から自由な生き方の現れだと思って、それを賞賛しようとするかもしれません。こうした観点に立てば、どんな醜も美になりますし、どんな美も醜になります。それはすべてを自然必然性の現れだとみなすことの結果なのですが、そうなってしまえば、本質的なことは何も見えなくなってしまいます。そのような状態は人類が個々の人間のために定めた道からの逸脱行為でしかありえません。

今日、私が述べたことは、霊学をしっかりと心に受けとめてくださる人にとっては、真実だと感じられるはずの事柄だ、と信じております。それは本来、どんな霊学からでも汲みとることのできる事柄のはずなのです。つまり、すべての霊学の中にはひとつの義務が、ひとつの生き方が示されているのです。言い換えれば、この世のどこに私たちが立っていても、そこで何を行うにしても、大切なのは次のような考え方をすることなのです。すなわち、「われわれの行為は霊学的意識に貫かれていなければならず、霊学からの照明を受けていなければならない」。――このような考え方ができたとき、私たちは正しい意味で人類が進化を遂げることのために、少しでも寄与できるのです。

もし誰かが、「霊学と真剣に取り組むと、実際的な仕事に励むことができなくなる」、と考えるとしたら、その人はまったく間違った考え方をしていることになります。真の霊学は私が今日述べましたような事柄についての意識を目覚めさせてくれるのです。愛する皆さん、私たちは、「目覚めた生活は眠りにとって有害なのか」、と問うことができなければなりません。

通常の目覚めが眠りからの目覚めであるとすれば、霊界への参入は通常の目覚めからのさらに高次の目覚めなのです。このことを、この比較を正しく理解するために、どうぞ次のような問いを発してみてください――「いったい覚醒生活は眠りにとって有害なのか」。

そうです。もしもその覚醒生活がまともなものでなければ、眠りにとって有害なのです。けれども、まともな覚醒生活を送るなら、健康に眠ることができるでしょう。働くことなく、ぼんやりと、怠惰に、あるいは安易に過ごすならば、それによって、眠りは不健康なものになるでしょう。霊学によって霊的に目覚めたときにも同じことが言えます。私たちが霊学によって私たちの中に霊界との直接の関係をつくるなら、通常の眠りが通常の健康な覚醒生活によって可能となるように、霊界に対する正しい関係によって、通常の日常生活もまた、正しい軌道に導かれるのです。

私たちの時代の日常生活、社会生活を見てみますと、私たちがさまざまな事柄に十分注意を向けない限り——霊的な意味で——、眠りから目覚めることができなくなっています。特にここ数十年の間、人びとは自分たちの「処世術」を鼻にかけてきました。そしてその結果、精神的、霊的な理想を馬鹿にしている人たちがいたるところで指導的地位につくようになりました。人びとはこの「処世術」のことを、人類が奈落の底に突き落とされるまで、鼻にかけ続けるでしょう。しかし現在、いくらかの人たちは——そしてその人たちもたいていは本能的な衝動から——、「新しい時代が来なければならない。新しい理想が必要だ」、と叫びはじめています。

しかし、その叫びはただの叫びでしかありません。意識して霊学を自分の中に生かそうとするのではなく、ただ本能的にそう叫ぶだけでしたら、それは人類を進歩へ導く代わりに、日常生活そのものを危険な方向へ押しやる結果になってしまうでしょう。昔から耳にしてきたような言葉をこんにちの人間の前で宣伝するのは、しばらくの間は有効かもしれませんが、やがて人びとは別の危険な宣伝にも耳を傾けたくなってきます。いずれのほうも、右も左も、社会的混乱を乗り越えて、秩序ある社会を達成しよう、と言っているのですから。

ある時代の人びとが目を覚まそうともせず、本当に必要な事柄が何であるのかをも理解できずにいますと、必要なことが実現されぬままに、前代の亡霊がふたたびさまよいはじめます。こんにちの多くの宗教団体の中で、すでに過去の亡霊たちがさまよいはじめています。私たちの「法の世界」では、古代ローマの亡霊どもがいまだにうろついています。だからこそ霊学は今、意識魂の時代にふさわしく、人間の意識を自由に解放して、「天使は私たちのアストラル体の中で何をするのか」を、霊的事実として観察できるようにしなければならないのです。

天使について抽象的に語ることは、せいぜい出発点としての意味があるだけです。具体的に語ること、言い換えれば、現時点において今述べた問いに答えること、それがその先を歩む行為に通じるのです。この問いが大切なのは、私たちのアストラル体の中で天使がヴィジョンを産み出しており、このヴィジョンが未来における私たちの生き方をはっきりと示してくれているからなのです。ですからこの生き方を、意識魂の力で実現しようと努めなければなりません。私たちが意識魂を生かすように努めなければ、天使を産み出すヴィジョンを実現するのに別のヒエラルキアの霊たちが働かなければならなくなります。だから私たちは意識魂を育てていくべきなのです。天使の意図を実現するのに別の霊たちの介入を受けてはなりません。

エジプト文化期における天使たちの働きには、この別の霊たちが介入して、人間の先祖返り的な見霊意識が曇らされてしまいました。先祖返り的な見霊力が天使の働きを暗いヴェールで覆ったのです。しかし今は、そのヴェールを取り除かなければなりません。ですから眠り込まずに、三千年紀が始まる以前に、天使の産み出すヴィジョンを意識化しようと努めなければなりません。どうぞ人智学的霊学から、その教えだけでなく、その決意をも受けとってください。そうすれば、目覚めた人間として生きる力がそこから与えられるでしょう。

目覚めた人間として生きることに、私たちは慣れることができます。いろいろな事柄に注意を向けて生きれば、今すぐにでも私たちは、目覚めることができるのです。そしてそうなったとき、私たちは私たちの日常生活の中に、奇蹟の起こらない日が一日もないということに気がつくでしょう。

私たちはまた、今申し上げた言葉を裏返して、次のように言うこともできます――「もし私たちが、ある一日の生活の中に何も奇蹟らしいものを見出さなかったとすれば、それはただ私たちがうっかりそれを見過ごしたからにすぎない」。

どうぞ毎日、夜になったら、その日の生活を振り返ってみてください。そうしたら皆さんは、その日に起こった小さな、または大きな、または中ぐらいの出来事を想い起こし、そして「それが私の生活の中に生じたのは不思議なことだ。それはまったく思いがけない仕方で生じた」、とおっしゃることができるでしょう。

皆さんが視野を十分に広げ、生活の諸分野を包括的に考察するならば、このことが可能になるのです。しかし通常の生活の中ではそのような試みがされずに済んできました。人びとは普通、「ある事柄によって何が妨げられたのか」という問いかけをしようとはしないのです。

実現しそうになって妨げられてしまったこと、もしそれが生じていたら、私たちの人生が根本的に変化したであろうこと、そのような事柄を私たちはあまり考えようとはしません。なんらかの仕方で私たちの生活から排除されてしまった事柄の背後には、私たちを目覚めた人間にしてくれたはずの、実に多くの事柄が存しているのです。「今日一日の間にどんなに多くのことが私に起こりえたであろうか」。どうぞご自分にそう問いかけてみてください。

毎晩このような問いを自分に投げかけ、そして起こりえたはずのいろいろな事柄をひとつひとつあらためて考察するとき、この問いかけは、目覚めのための自己教育を可能にしてくれます。それは目覚めのための自己教育の始まりとすることができるだけでなく、おのずとそこからさらに先へと私たちを導き、そして最後には、例えば私たちが朝十時半に外出しようとしたとき、出かけしなに誰かがやって来て引き留められた、というような場合が私たちの生活の中で何を意味するのかを突き止めるようにまでなるのです。普段の私たちは引き留められたことで気分を害しますが、しかし、予定通りの時間に実際に外出したとすれば、何が起こりえたのかという問いを発することはいたしません。「そのことで何が変化したのか」と問うことを、私たちはしないのです。

私は当地でも以前に一度、この点についてもっと詳しくお話ししたことがありました。私たちの生活の中の否定的な事柄でありながら、私たちの人生の叡智に充ちた導きを証言してくれているような出来事を観察するところから、私たちのアストラル体の中で働いている天使を観察するところまでは、まっすぐな一本の道が通じているのです。一本の、そして安全なその道を私たちは歩み続けることができます。しかしそれについては、七日後の支部会での講義でさらに続けてお話しするつもりです。

いかにしてキリストを見出すか

チューリヒにて

1918年10月16日

高橋巖監修
飯塚立人・諫早道子訳

Wie finde ich den Christus?

先週ここで、私がお話ししましたのは、人間の魂が未来へ向けて志さなければならない、霊界への参入についてでした。このこととの関連で、今日はキリスト秘儀の体験に結びつくさまざまな事柄について、より詳しくお話ししたいと思います。キリスト秘儀の体験は、私が最近論じましたように、霊的な理想の下に準備がなされるべきなのです。

今日は霊学の観点から、人間の魂のいとなみについて考えていきます。論じていくなかで、その考察に、多くの側面から光が当てられるようにするつもりです。霊学の観点から見た魂のいとなみは、一方において肉体のいとなみと結びつき、他方において霊のいとなみと結びついていますので、三つの働きが生じています。三重の仕方で霊界に向けての傾向を示しているのです。

私たちが超感覚的世界について何も知ろうとしないのであれば、この三重の傾向は否定されるほかありませんが、人間は、第一に、「神的」と一般に呼ばれているものを知りたいと望んでいます。もちろん、ここでは現在の進化期における人間についてお話ししているわけですが、第二に、キリストについて知りたいと思っています。そして第三に、「霊」もしくは「聖霊」

とふつう呼ばれているものについて知ろうとする傾向が、私たちにはあります。しかし、ご承知のように、これら三つの傾向をすべて否定する人たちもいます。少なくともヨーロッパの文化の中では、一九世紀を通して、世界における「神的なもの」をすべて否定する傾向まで生じています。

霊学の観点からは、超感覚界の「神的存在」は疑いえないものですので、私たちは次のように問いかけることができます。

「いったい何が、神的存在そのものを、三位一体における『父なる神』と呼ばれるものを人間に否定させるのだろうか」

霊学は私たちに次の事実を示しています。父なる神、つまりイスラエルの宗教においても認められている、宇宙における神的存在一般を否定するとき、どんな場合でも、その否定において人間の肉体に、実際に身体的損傷、身体的疾患、身体的欠陥が生じるのです。霊学者の眼には、無神論者であるということはなんらかの意味で病んでいるということなのです。医者自身がしばしばこの病に冒されていますので、当然ながら医者が治せる病ではありません。現代医学が知る病ではないのです。誰でもがその魂によってではなく、その肉体によって感じとらねばならないものを否定する人に、霊学が見出す病なのです。

肉体の健全な感受性は、神的本質が世界を貫いている、と私たちに知らせてくれています。

この知らせを否定する人は、霊学の意味では病気であり、肉体が病んでいるのです。

キリストを否定する人は非常に多いのですが、このキリストの否定は、本来、運命の問題であり、人間の魂のいとなみに関係したことである、と霊学は考えます。霊学では、神の否定は病であり、キリストの否定は不運なのです。キリストを見出せるか否かは、いわば運命の問題であり、人間のカルマに働きかけていることなのです。キリストになんら関わりがないのは、不運なのです。

霊あるいは聖霊を否定するということは、その人自身の霊の愚鈍を意味します。人間は体と魂と霊とから成り立っています。その三つのいずれも、損なうことがありえます。神を否定する無神論において、私たちは肉体を損ない、現実の病を得ています。人生において、キリストを私たちに気づかせてくれる世界と結びつきを持てないのは不運なことです。私たち自身の内部に霊を見出しえないということは、愚鈍なことであり、ある意味では精神が薄弱なのです。その薄弱さが微妙で気づかれにくいとしてもです。

愛する皆さん、ここで「いかにしてキリストを見出すか」と、問わなくてはなりません。今日、私たちが語ろうと望んでいるのは、このキリストを見出すということについてです。キリストを見出そうとすることは、人生の途上で、私たち自身の人間の魂において生じることです。私たちは、ほんとうに、そして真剣に探求する魂たちによって発せられる、「いかにしてキリストを見出すか」という問いをしばしば耳にします。

この問いに理に適《かな》った答えを得ようとするのなら、歴史的な関連のもとに考える必要があります。歴史におけるその関連を取り上げるなら、最後には「いかにしてキリストを見出すか」という問いに対する答えにまで私たちを導いてくれるはずです。

霊学の観点から見て、私たちが現在生きている時代は、一五世紀から始まりました。霊学は、西暦一四一三年を転換点としていますが、そういう数値を出す必要を認めないのなら、人間の魂のいとなみは、一五世紀以降、こんにちとほぼ同じものになった、と言うことができるでしょう。

近代史学がこのことを認めないとすれば、それはもっぱら外的な事実のみを考察しようとするからです。人間の内面生活は、私たちが一五世紀より前の時期に戻るやいなや、現在とは違うように考え、違うように感じ、違うように行う、まさに魂のいとなみにおいて根本的に違う在り方をしていました。一四一三年までに終わった時代は、紀元前七四七年、つまり紀元前八世紀に始まりました。私たちがギリシア＝ラテン文化期と呼ぶ時代は、紀元前七四七年から西暦一四一三年までの間です。この時期が約三分の一経過した時点で、ゴルゴタの秘儀が起こりました。

ご承知のように、このゴルゴタの秘儀は、何世紀にもわたり、多くの人の感情生活と思考生活のすべての中心でした。一五〜一六世紀以前には、特に感情を介して受けとめられました。それから、福音書を読むことが、広い範囲に普及した時代が始まりました。また、福音書の資料的価値が疑われ、議論される時代もやってきました。そしてこの議論は、私たちの時代において頂点に達しています。特にプロテスタント神学の世界において、非常に大きな役割を演じているこの議論の諸相については、今日は取り上げずにおきます。ゴルゴタの秘儀について議論することで、人びとが何を求めているのか、について今言えることだけを取り上げようと思います。

唯物主義に傾きがちなこの時代において、私たちはすべてを物質により証明したいと望むようになっています。歴史学においては、資料によって裏付けることを「実証する」と言います。歴史の記録が見出せる場合にだけ、その記録が告げる出来事を歴史の対象とみなされるのです。

明らかに、そのような証拠としての価値を私たちは四つの福音書に付することはできません。みなさんは、福音書が何であるかということを、私の著書『神秘的事実としてのキリスト教』で知っておられます。福音書はまったく歴史の記録ではありません。それらは霊感の書であり、秘儀の書です。以前には、歴史の記録であると思われていました。しかし今では、真の研究によって福音書は歴史を明かすものではない、ということになっています。聖書に記されている他のすべての記録も、歴史的な資料ではないことが明らかにされました。そして、世に認められた神学の権威者、不当にもそうみなされている神学者、アドルフ・フォン・ハルナックは、近代的な聖書研究の成果として、次のことを立証しました。イエス・キリストの人格について、私たちが歴史的に知りえるであろうことのすべては、四つ切判の紙面に凝縮することができる、ということをです。

この主張には、一つだけ正しい点があります。逆説的に言えばなのですが、この主張もまた真実ではなく、この四つ切判の紙に記される事柄も本当ではないので、この主張におけるただ一つの正しい点とは、ゴルゴタの秘儀については証拠として信頼できる記録はない、と述べていることなのです。こんにちの歴史研究の立場から、「ゴルゴタの秘儀は歴史的に証明できるのか」と問うならば、ゴルゴタの秘儀を外的に証明することはできない、と言わざるをえないのです。

しかしこのことには、そうであるべき正当な理由があるのです。神的叡智の配慮に従うなら、ゴルゴタの秘儀は、外的に、つまり物質的に証明されてはならないのです。なぜなら、地球上で起こったことの中で最も重要なこの出来事は、超感覚的な方法によってのみ把握されるべきだからです。

誰であれ、外的・物質的な証拠を見つけようとする者は、それを見出すことはできないのです。その人は吟味の末、そのような出来事は存在しなかった、と結論づけることでしょう。ゴルゴタの秘儀に関しては、超感覚的なものによる助けを求めなければならないか、ゴルゴタの秘儀を見出すことをしくじるか、のどちらかなのです。

この秘儀は、人間の魂に、感覚的世界のすべての証拠を放棄し、超感覚的なものへの道を見出すように求めます。ですから、ゴルゴタの秘儀が自然科学的にも、歴史学的にも、証明されえないことには、もっともな理由があるのです。近代霊学の重要性は、人類をゴルゴタの秘儀へ導いていくことにあります。このことは、私が述べてきた超感覚的な道において成されます。すべての外的科学、感覚的なものに依って立つすべての科学はゴルゴタの秘儀に到ることができません。神学でさえ、それが（近代精神の意味で）批判的である限りは、非キリスト的な態度をとらざるをえません。しかし、霊学は人びとをゴルゴタの秘儀へ導かなければならないのです。

ここで、次のような問いが生じます。

「ゴルゴタの秘儀が、第四後アトランティス期、ギリシア＝ラテン文化期に起こったとき、人類はどんな状態にあったのか」

愛するみなさん、みなさんはこの文化期が意味するところを知っておられます。人類は、時の流れのなかで、人間本性のさまざまな構成要素を獲得しつつ育ってきました。紀元前七四七年より以前のエジプト＝カルデア期における人間は、感覚魂と呼ばれる魂を得ました。ギリシア＝ラテン期においては、悟性魂、心情魂と呼ばれる魂を得ました。そして一四一三年以降、私たち自身、第五後アトランティス期において、意識魂と呼ばれる魂を獲得しつつあります。それゆえ、紀元前七四七年から西暦一四一三年までのギリシア＝ラテン文化期の本質は、レッシングの表現を用いますと、人類が悟性魂、心情魂を自由に使いこなすように教育されることにあるのです。

では、この文化期の真ん中はいつだったのでしょうか。この真ん中の時期は、その時期までに悟性魂、心情魂の育成が進み、その時期からは退いていくその転換の時点です。ゴルゴタの秘儀以前の紀元前七四七年から西暦一四一三年まで続いたこの文化期の中間の時点は、イエス・キリストの生誕後の三三三年です。ギリシア＝ラテン文化期の真ん中に当る西暦三三三年というこの年は、人類の進化にとってはとても重要な時点です。キリストの生誕は、この中間の時点の三三三年前になります。

ゴルゴタの秘儀が起こらなかったら、何が生じたのかと問うとき、人類の状況が正しく評価できます。ゴルゴタの秘儀が起こらなかったら、何が生じたのかと問うときにだけ、人類にとってのこの秘儀の価値が正しく評価できます。もちろんその場合にも、ゴルゴタの秘儀なしで、人類は己れの本来の力だけによって、第四後アトランティス期の真ん中の時点、西暦三三三年に到ったことでしょう。悟性魂に属するすべての能力を、己れの力だけで育てたことでしょう。

そして、それらの能力を、その後も保ち続けたことでしょう。

ゴルゴタの秘儀によって、このことが本質的に変えられました。そうでなければ生じたであろうこととはまったく違うことが生じたのです。地球のすべてに意味を与えるこの特別の出来事を性格づけるためには、超感覚的な道のみがゴルゴタの秘儀へ到る、という観点に立つことが大切です。

なぜでしょうか。それはこういうことです。第四後アトランティス期の西暦三三三年の頃、悟性魂、心情魂がその開花の頂点に到りつつありました。それでも人間は、誕生から死までの間の地上の生における通常の能力によっては、ゴルゴタの秘儀の本質を捉えることからは程遠かったのです。成長し、どんなに長生きしたとしても、誕生から死の間に私たちが花開かせる能力では、ゴルゴタの秘儀を理解することができなかったのです。

ですから、イエス・キリストを愛する弟子たち、使徒たち、同時代人たちは、ある意味で先祖返り的な霊視力を備えていたことによって、イエス・キリストについて事態がどうなっているのかを知ることができたのです。先祖返り的な霊視力を通して、彼らの間を歩くイエス・キリストの本質を予感することができました。しかし、彼ら自身の人間的な能力だけでは、そうできませんでしたから、福音史家たちは古代の秘儀の書を助けとして使い、福音書を書き残しました。彼らは力強い福音書を先祖返り的な霊視力によって書いたのです。彼らが自然な形で育てた人間の能力に基づいて、ではありませんでした。

しかし人間の魂は、死の門を通りぬけた後にも育っていきます。人間の魂は、死後もまたその理解力を育て、ますます理解することを学ぶのです。ですからここで、特異な事実が生じます。キリストの同時代人たちは、キリストへの愛を通して、死後におけるキリストの許での生のために準備していました。そして、やっとゴルゴタの秘儀の三世紀後に、自分自身の人間的な能力によって、ゴルゴタの秘儀を完全に理解するようになったのです。しかしそれは、この出来事のやっと三世紀後になってからでした。

ですから、弟子として、あるいは使徒として、キリストと共に生き、そして死を迎えた者たちは霊界で生き続けることで、彼らの能力を増していったのです。死の時点では、まだ死の二世紀後ほどには、その理解力は進んでいませんでした。キリストの同時代人たちは、二世紀から三世紀にかけて、地上においてその二、三世紀前に自分たちが体験したことの意味を、自分の能力に基づいて理解できるまでに、死と新たな誕生の間で生長したのです。こうして霊界から、地上に生きる者たちに、霊感を与えたのです。

このことを念頭に置いて、真の意味での霊聴が始まった西暦二、三世紀のいわゆる教父たちの書き記したものを読んで下さい。そうすれば、イエス・キリストについて教父たちが書いたものをどう理解すればいいのかが分かるでしょう。キリストと同時代人だった死者たちから語られた声が三世紀に書きとめられ始めました。教父たちは、三世紀に、キリストについて独特な言葉で語りました。その一部分は、現代の人間にとってもまったく理解し難い言葉でした。この現代の人間については、すぐこのあとで取り上げます。

私はある教父を例に引こうと思います。他の教父でもいいのですが、現代の物質文化によって非常に蔑まれている人物を引き合いに出そうと思います。「不合理なるがゆえに、私は信じる（Credo, quia absurdum est）」というひどい格言を語ったと、この物質文化が非難する人物、テルトゥリアヌスをです。

テルトゥリアヌス［二世紀の神学者］は、イエス・キリストの同時代人たちによる死の高みからの霊感が始まった頃に生き、できうる限りこの霊感を受けた人物です。テルトゥリアヌスを読み、そして引用するとき、私たちは独特な印象を受けとります。当然ながら、彼は自分の能力が許す限りのやり方で書きました。霊感をどう受けたとしても、それはいつでも、それを受ける人の能力に基づいています。テルトゥリアヌスも、霊感を純粋にそのまま記したのではありませんでした。彼の頭脳が表現しうるかぎりで記したのです。第一に、彼が死すべき肉体に留まっていたからであり、第二に情が激しく、熱狂しやすい性質であったからです。霊的な観点から検討してみますと、彼の書いたものは、極めて特異です。

テルトゥリアヌスはローマ人としてはそれほど高い教育を受けているようには見えませんが、

とてつもない言語の表現力を持っています。テルトゥリアヌスは初めて、ラテン語をキリスト教にふさわしくしたと言うことができるでしょう。彼はこのもっとも散文的で、詩的ではなく、まったく修辞的な言葉であるラテン語に、初めて生気を与えたのです。彼の作品群は、あの真剣さと神聖な激しい熱情をもって書かれました。それらの作品には、魂の生まなましいいとなみが実際に生きています。特に、例えば『キリストの肉身について』や、キリスト教徒に対するすべての批判を論破しようとした著作においてです。それらは、神々しい情熱と崇高な言語力で書かれています。

そしてテルトゥリアヌスは、自分がローマ人であるにもかかわらず、先入見なしに自分のローマ精神と向き合っています。そのことは、『キリストの肉身について』の中によく示されています。彼は、ローマ人の迫害からキリスト教徒を護《まも》るために、彼の偉大な言葉を用いたのです。イエス・キリストとの結びつきを否定させるための、キリスト教徒に対する拷問を、彼は次のように激しく糾弾しました。

> キリスト教徒たちに対するあなたがたの裁判官としての振る舞いは、あなたがたが不正な態度をとっていることを証している。キリスト教徒たちを裁くときのあなたがたは、日ごろ用いる裁判のすべての手順を変えざるをえないでいる。日ごろは、あなたがたが証人

> を拷問にかけるのは、真の思いを告白させ、ほんとうのことを語らせるためである。そうさせないためにではない。しかしキリスト教徒たちに対しては、まさに逆のやり方をする。キリスト教徒にその思いを否定させるために、拷問にかけるのである。キリスト教徒たちに対するあなたがたの裁判官としての振る舞いは、別のことでのあなたがたの裁判官としての振る舞いと相いれない。拷問という手段により、日ごろあなたがたはほんとうのことを聞き出そうと望む。ところがキリスト教徒からは、嘘を聞くことを望んでいる。

このように、また似たようなやり方で、テルトゥリアヌスは真に核心を突く言葉で、多くのことについて語りました。

彼は、ローマ人の神礼拝の空虚さを見通してそれを明言する、勇敢で芯の強い人でした。またそのこととは別に、彼はその書くもののいずれにおいても、超感覚的世界との繋がりを明らかにしていたと言えます。彼は、超感覚的世界について語ることの意味をよくわきまえていました。彼は悪霊について、知人について語るのに似た身近さで語りました。例えば、こんなふうに言っています。

> キリスト教徒がまことの神だというキリストについて、ほんとうにまことの神なのかど

うかを、悪霊たちに聞いてみるがよい。だれか悪霊に取り憑かれた者、その者を通して悪霊が語るところの者を、まことのキリスト教徒に引き合わせてみるがよい。するとこのようなことを、あなたがたは目にすることだろう。あなたがたがほんとうに彼に語らせることができれば、彼は自分が悪霊であると白状する。なぜなら彼はほんとうのことを語るのだから［引用者註―悪霊たちは問われると嘘はつかないということを、テルトゥリアヌスは知っていました］。

もしあなたがたがキリスト教徒として正しい仕方で意識的に悪霊に問うならば、悪霊たちはキリストはまことの神である、とも告げるであろう。ただ悪霊たちは彼と争っているのだから、彼を憎むだけなのだ。あなたがたは、彼はまことの神なのだと悪霊たちから聞くであろう。

このように、テルトゥリアヌスは単に人間の証言についてだけではなく、悪霊たちの証言についても語ったのです。ただ語るだけではなく、キリストはまことの神であると告白までする証人として、悪霊たちのことを語ったのです。テルトゥリアヌスはこのことをすべて、心をこめて語りました。私たちが文筆家としてのテルトゥリアヌスに親しみますと、次のように問わざるをえなくなります。「テルトゥリアヌスの内なる魂の告白、霊感にとらえられた、テルトゥリアヌスの内なる魂の告白を、どう受けとるべきなのか」。

テルトゥリアヌスのこの内なる告白は、人を教え導く力をもっているのです。なぜなら、テルトゥリアヌスは、かなり後の時代になってからやっと人類に明らかになることを、すでに見越していたからです。人間の本性に関して、テルトゥリアヌスは次の三つの告白をしています。

第一に、人間の本性は今——それはテルトゥリアヌスの時代である西暦二世紀末です［引用者］——、地球における最大の出来事を否定するという恥を自ら負う羽目に陥っている。人間が自分だけに従うならば、地球におけるこの最大の出来事にあずかることはできない。

第二に、人間の魂はあまりに弱く、この最大の出来事を解しえない。

第三に、人間は、その死すべき肉体にできることだけに従うならば、ゴルゴタの秘儀との関係を結べない。

これら三つが、テルトゥリアヌスの告白です。そして、これら三つの告白に基づき、彼はさらに三つの言葉を述べます。
一、神の子は磔になった。このことは恥ではない。なぜなら、それは恥ずべきことなのだから。
二、彼は死んだ。このことは信じえる。なぜなら、それはばかげているのだから（Prorsus

credibile est, quia ineptum est)。

この言葉は、テルトゥリアヌスのものです。しかし彼に帰される別の言葉「不合理なるがゆえに私は信じる（Credo, quia absurdum est）」は、テルトゥリアヌスにも、他の教父にも、どこにも見出されません。私が今引いたこの文章は捏造されたのです。……ほとんどの人は、まちがいであるこの文章の外にはなにもテルトゥリアヌスについて知らないありさまです。

三、葬られた彼は甦った。なぜなら、それはありえないから。私たちは信じなければならない。なぜなら、それはありえないから。

テルトゥリアヌスが述べたこの三つの発言は、きわめて頭のよい近代人には、あたりまえながら、ひどい冗談に思えます。唯物論的な教育を受けた、まさに現代っ子が、誰かの次のような言葉を耳にしたと想像してみてください。

キリストは磔にされた。私たちはそれを信じなければならない。なぜなら、それは恥ずべきことなのだから。キリストは死んだ。私たちはそれを信じなければならない。なぜなら、それはばかげていることなのだから。キリストは真に甦った。私たちはそれを信じなければならない。なぜなら、それはありえないことなのだから。

私たちの時代の生粋の一元論者が、このような文章をまともに受けとれるものかどうか、想像してみてください。

しかし、テルトゥリアヌスは何を言おうとしたのでしょうか。テルトゥリアヌスはその霊感によって、その時代の人間の本性が歩んでいる道を知り、真の人間理解者になりました。人類はそのころ、第四後アトランティス期、ギリシア＝ラテン文化期の後半の数世紀に向けて進んでいました。ゴルゴタの秘儀はこの文化期の中間点である西暦三三三年の三三三年前に遡ります［訳注―AD.333−333＝AD.0なので、「イエスの生誕」であり、「ゴルゴタの秘儀」ではないが、原文のままにする］。そしてこの西暦三三三年からさらに三三三年後になって、ある霊的な諸権力が人類の進化を、ゴルゴタの秘儀が生じたことによって導かれた方向とはまったく違った方向に導こうとたくらみました。西暦三三三年から三三三年の後は、西暦六六六年です。

六六六は黙示録の作者が、あのように真剣に語った年数です。黙示録の作者が六六六という数について語っている数節を読んでみてください。六六六年に、ある霊的諸権力のたくらみにより、人類になにごとかが生じるはずでした。それは、ゴルゴタの秘儀が起こらなければ、生じたことでしょう。ゴルゴタの秘儀が起こらなければ、悟性魂もしくは心情魂の文化の頂点であった西暦三三三年より後に、人類が歩むように運命づけられていた下り坂が、人類をある方向へ導くために利用されたことでしょう。それは時の始まりから、つまり土星紀から人類と結びついてきた神的存在たちによって意図されていた方向とはまったく違う方向でした。

このことは、もっと後の時代になってやっと人類の進化に入り込むべきであった意識魂とその内容を、ある種の啓示によって、すでに西暦六六六年に人類に授けようとしたのです。もしもこのことが成就されていたとしますと、つまり、人類の進化を阻んで、この進化を自分のものにしようと望んでいる存在たちのたくらみが成功していたとしますと、そうすると、人類は、遠い未来になってから生じるはずの意識魂を、すでに西暦六六六年に授けられ、虚を衝かれて、ひどく動揺させられたことでしょう。

以上の事実に基づいて、人類を愛する神々に逆らう存在たちは、人類が未だふさわしく熟していないうちから、ある能力を人類の中に移し入れようと望みました。この能力は、人類を愛する霊的存在たちによって後の時代のために予定されていたものでした。私たちの文化期の半ばに、つまり西暦一四一三年から一〇八〇年後に、つまり西暦二四九三年になってやっと生じるべきことのすべてが、アーリマンとルツィフェルの諸力によって、すでに西暦六六六年の時点で人間に注ぎ込まれようとしたのです。人間は己れの人格を意識的に捉えるということに関して、西暦二四九三年になるまでは、そこまで進むべきではなかったのです。

それらの存在がめざしたことは何だったのでしょうか。彼らは人間に意識魂を授けようと望みました。そうすることで、人間が己れの道を――それは霊我、生命霊、霊人を得ていく道です――見出すことを阻むような働きを人間に注入しようとしたのです。人間はあるべき未来の道から切り離され、まったく違った進化の道を辿るように求められたことでしょう。

歴史は、悪魔的な道は辿りませんでした。それでも、それらのたくらみの痕跡は、歴史の中に見出せます。それらの痕跡は、次のような行いの中に見出せます。人間たちが地上で、ある霊的存在たちの望みをかなえるような、彼らの手先となったときの行いです。そのようにして、ユスティニアヌス帝は、ギリシア文化の崇高な叡智の諸伝統の敵として、西暦五二九年にアテネの哲学者たちの諸学園を閉鎖しました。そのとき、彼はある存在たちの手先だったのです。

こうして、ギリシアの学問の最後の担い手たちは、崇高なアリストテレス派、プラトン派の知識ともども追放され、ペルシアへと逃れました。それより先に、すでにシリアの学者たちがニシビスへ逃れて来ていました。皇帝ゼノン・イサウリコスが西暦五世紀にギリシアの学者たちをエデッサから追放した折に、です。そういうわけで、ペルシアのゴンディシャプールにあるアカデミーでは、西暦六六六年には、古代ギリシアからもたらされた選り抜きの学識のすべてがほぼ集められていました。その学識は、ゴルゴタの秘儀にはまったく関心をもちませんでした。ゴンディシャプールのアカデミーの教師たちは、ルツィフェルと、アーリマンの諸力によって霊感を与えられていたのです。

西暦六六六年に人類に襲いかかるようにたくらまれたことが成就されていたなら、人類は早くもその時点で意識魂にまで引き上げられ、後に来る進化から切り離されたことでしょう。つまり、ゴンディシャプールのアカデミーによって意図されたことがまったく成功していたならば、西暦七世紀において、高く学を積んでおり、極めて独創的で才能豊かな人間たちがあちこちに現れ、西アジア、北アフリカ、南ヨーロッパ、そしてヨーロッパ一帯を旅して、ゴンディシャプールのアカデミーの意図どおりの、西暦六六六年の意識魂文化を、あらゆるところに普及させたことでしょう。この文化が特にめざしたのは、人間をまったく己れの人格に依らしめるように仕向けることでした。つまり、意識魂を完璧に授けることでした。

しかし、こうしたことの起こる可能性はありませんでした。世界はすでに変化し、ゴンディシャプール・アカデミーのめざしていたことが完全に実現し得るような状態ではなくなっていました。そのため、ゴンディシャプール・アカデミーがそのままいけば西方の文化に与えるはずだった衝撃力は削《そ》がれました。ゴンディシャプール・アカデミーがもたらしたかもしれない叡智は、それに比べれば現在の自然科学の知識など取るに足らないといえるほどの叡智になるはずでした。比類ない学識をもとに霊的源泉から引き出されたこの叡智は、本来二四九三年までに、実験を通し自然科学を通して、ゆっくりと輝かしい偉大な学識に到るはずのすべてを凌駕していたのです。

けれども、そのような叡智の代わりに、アラビアの学者によってスペインへ伝えられたのは、こうした叡智のわずかな残留物にすぎませんでした。この叡智の残留物は、はじめに意図された叡智に代わって生き残ったものは、マホメット主義、マホメットとその教義にほかなりません。ゴンディシャプール・アカデミーから生じるべきすべてに代わって現れたのは、イスラム教だけでした。ゴルゴタの秘儀によって世界は、ゴンディシャプール・アカデミーがめざした致命的な方へ向かわずに済んだのですが、流れが変わったのは、ゴルゴタの秘儀が先に起こったからばかりでなく、この出来事がこの世での通常の人間には理解できないような出来事だったためでもあります。

ゴルゴダの秘儀はまた、西方の人間が先ほど述べたような内的体験をすることになった原因でもあります。その結果、テルトゥリアヌスをはじめ多くの人々について見てきたように、死者からの霊的働きかけが生じたのです。この働きかけによって、人間の精神は、ゴンディシャプール・アカデミーが意図していたものとはまったく異なった性質を持つゴルゴタの秘儀へと導かれました。この霊的働きかけによって、ゴルゴタの教えが広く伝えられ、ゴンディシャプール・アカデミーが人類にもたらそうとしていた、高度ではありますが、邪悪な叡智が妨げられました。霊的働きかけがゴンディシャプールの叡智の普及を妨げたのは、人類を救うためでした。

死者からの霊的働きかけの多くは、屈折した仕方で現れました。しかしそれでも、それらの働きかけは、ゴンディシャプール・アカデミーの勢力が、もし成功していたなら、人間の魂が甘んじて受容せざるをえなかったであろう事柄から人間を守ったのです。

しかしながら、ゴンディシャプール・アカデミーが意図していたような性質の出来事は、外的世界の発展の舞台裏で起こります。それは超感覚的世界で生じるのです。人間に関わる事柄ではありますが、それが生じるのは、まったく超感覚的世界においてなのです。ゴンディシャプール・アカデミーが意図したことも、ゴルゴタの出来事も、物質的次元では正しく評価できません。こうした出来事の本質を知ろうと思うなら、通常考えられるよりもずっと深く、霊界を探らなければなりません。

たしかに、当時起こるべきであったのに、力を削がれてしまった事柄が、人類の歩みから取り残されてしまいました。壮大な意図を持っていたはずのものから現実に姿をあらわしたのは、幻想的で悲惨な教えだったのですから。けれども、たしかに人類には何ごとかが起こったのです！　それは次のようなことです。

その時代に、人類全体にゴンディシャプール衝動――この新ペルシア衝動は、あやまった時代にツァラトゥストラ衝動を呼び起こしました――が働いて、内的な亀裂が入り、その亀裂が肉体の組織にまで及びました。愛するみなさん、その時代に人類が受け取った衝動は肉体に浸透し、こんにち私たちはその衝動を持って生まれてくるのです。それは、以前お話ししたものと同じ衝動です。その衝動は、人類に注入された病であり、その病が重くなれば、父なる神を否定するまでに到るのです。

どうぞ、このことをよく考えてください。人間は、文明社会の人間であればみな、こんにちでは肉体の中に棘《いばら》を抱えているのです。この棘については、聖パウロが詳しく語っています。「人間というものは、からだの中に棘をひそめている」。聖パウロのこの言葉は預言的です。非常に進んだ意識を持っていた聖パウロは、彼の時代にすでにこのことを感じ取っていました。ふつうの人びとがようやくこうした意識を持つのは、七世紀に入ってからです。ですが、この棘はますます数を増し、ますます大きな意味をもつようになっていきます。現代において、この棘、すなわちこの病――肉体の中にあるのですから実際に病なのです――にすっかり支配されている人をよく観察してみれば、その人物が、無神論者になり、神を否定し、神性を認めなくなることが見てとれるでしょう。

現代の文明社会に生きる人びとは誰でもみな、現実に、こうした無神論への傾向を持っています。それに身をゆだねるかどうかが問題なのです。私たちは内に、神を否定するようにそそのかす病をかかえていますが、本当は、神を認めるほうが人間の本性にかなっているはずなのです。この人間本性は、あの時代に、ある程度までいわば鉱物化させられて進化を妨げられてしまいました。だから私たちはみな、自分の中に「神を否定する病」をかかえることになったのです。

　この病が人間にもたらした影響は深刻でした。「神の否認という病」によって、人間の魂と肉体が、それまでよりも強く引き合うようになったのです。こうして生まれた肉体と魂の結びつきは、人間の本性から生じうる結びつきより強力でした。魂は、それ以前よりも強く、いわば肉体に縛られるようになりました。魂は本来の性質からいって、肉体と運命を共にするものではないのですが、しだいに深く肉体の運命に結びついていき、そのあげく誕生と遺伝と死の運命にまで関わるようになりました。

　以上に述べたように、ゴンディシャプールの賢者たちは、非常に重大な試みに取り組んでいたのです。現代のある種の秘密結社でも、もっと素朴なかたちで試みられていることですが、人間をこの地上でとりわけ高い地位に置き、非常に賢い存在にしようとする試みです。しかしこの賢者たちは、人間に高度な叡智を吹き込むことによって、人間の魂までが死を望むようにしようと企《くわだ》てました。つまり、人間の魂が死の門をくぐった後、霊界での生活に留まり続け、それに続く転生へ向かう気をなくさせようとしたのです。

　ゴンディシャプールの賢者たちの望みは、人間をこれ以上進化させないことだったのです。

彼らは今とはまったく異なる世界をつくり、そこで自分たちの目的のために人間を支配しようと目論んでいました。地上での人生の真の目的から人間の意識をそらせるために、人間を地上における姿のままにとどめようとしました。しかし人間の真の目的は、人間がゆっくりとした進化の中で徐々に学び、そうした長い進化を通して、霊我、生命霊、霊人へ達するようになることなのです。

　こうした試みの結果、人間の魂は、本来定められているより深く、地上の生活に慣れ親しむようになるところでした。本来は体だけのものである死の定めに、魂までが従わされることになったかもしれません。これを阻止したのが、ゴルゴタの秘儀だったのです。ですから、人間は死に結びつけられましたが、ゴルゴタの秘儀によって、その結びつきからの救いが与えられたのです。

　宇宙進化の中に、魂と体を人間が本来運命づけられているよりも強く結びつけようとする流れがある一方で、キリストは人間の体と魂が均衡を保つように、人間の定めよりも強く、魂を霊と結びつけます。ですから、ゴルゴタの秘儀によって、人間の魂は、それ以前の定めを越えて、霊に近づくことができるようになったのです。

　愛するみなさん、この事実を通してのみ、ゴルゴタの秘儀が数千年にわたって、どのように人間本性の内奥の力と関連しているかを真に理解することができます。ゴルゴタの秘儀の歴史的意義を正しく捉えようとするのなら、魂と霊の結びつきを、アーリマンとルツィフェルが人間に与えた体と魂の結びつきと比べてみることができなければなりません。

ローマ・カトリック教会は、ゴンディシャプール・アカデミーにあった衝動の残りから強い影響を受け、八六九年のコンスタンティノープル公会議において、霊を信じるべきではないという教義を取り決めました。なぜなら、教会はゴルゴタの秘儀がすべての人々に理解されることを望まず、むしろゴルゴタの秘儀を闇に葬り去ろうとしていたからです。ローマ・カトリック教会が八六九年におこなったことは、霊の公的な否認でした。このときの教令には、次のように記されています――「われわれは、霊を認めてはならず、体と魂のみを信じるべきである。魂の中には霊を思わせるような性質が含まれている」。こうして、人間が現実には体と魂と霊から成るということが、ゴンディシャプール衝動の影響を直接受けたローマ・カトリック教会によって、否認されたのです。

愛するみなさん、歴史の真実は、日用品のように流布している書物の中で、あれこれ述べられている内容とは異なっています。人類を誘導しようとする人々がいることに注意を向けて下さい。

人間は、ゴルゴタの秘儀によって、霊との関わりを深化させました。したがって、人間の中には今、二種類の力があります。一つは魂を死に引き寄せる力、もう一つは死から解放する力です。死から解放する力は人間を内なる霊へと導くのです。

この力はどんな性質のものでしょうか。すでにお話したように、神の否定は、人間にとって一種の病です。神の否定は、文明社会の人間がみな、その肉体ゆえにかかえている病です。霊学からみれば、神を否定することは病です。……この病を、私たちは自分の中にかかえているのです。自らの本質を正しく理解することさえできれば、キリストによって神をふたたび見出すことさえできたなら、神を否定せずに済みます。私たちの体の内に、神を否定しようとする病があるのと同じように、私たちの内にはまた、キリストの力によって病を癒し、健康にする力があるのです。この力は、これまでにもお話してきたように、ゴルゴタの秘儀によってもたらされたのです。キリストは、私たちすべてにとって、言葉の真の意味において、救い主です。神を否定する者へと人間を変えてしまいかねない病を治す医師です。キリストこそ、ここで述べてきた隠された病に立ち向かう医師なのです。

私たちの時代には、多くの点から見て、六六六年の歴史の流れがふたたび現れてきています。この流れは、ある部分はゴルゴタの秘儀により、ある部分は三三三年の出来事により、ある部分は六六六年に起こったことによって生じました。このことにはきわめて明白な影響力があります。私たちは次の点をはっきり認識することによってのみ、ゴルゴタの秘儀を正しく理解することができるのです。ゴルゴタの秘儀は、肉体を備えた人間が地上で送る生涯の間に得ることのできる能力によっては理解できない出来事なのです。キリストと同時代に生きた弟子たちでさえ、人間としての自分自身の力でゴルゴタの秘儀を理解するに到ったのは、三世紀に入ってからでした。つまり、肉体の死後、長い年月を経たのちだったのです。しかし、このような出来事は、確実に進化に影響を与え、そこからさまざまなことが生じます。例えば、次のようにです。

愛するみなさん、現在の私たちの状況は、キリストと同時代に生きた人びとやその後七世紀までの時代を生きた人びとの場合とはまったく異なっています。私たちが生きているのは、第五後アトランティス期もすでにかなり経過した二〇世紀です。したがって今、人間としてこの世に生まれるとき、超感覚的世界から感覚的世界に入るとき、私たちは何世紀も前に起こったことを霊界においてすでに経験しているのです。ゴルゴタの秘儀が起こったとき地上に生きていた人びとは、死後何世紀もかかってこの出来事をよく理解しました。彼らと同じように、私たちも、この世に生まれてくる何世紀も前に、まだ霊界にいる間に、そこに映し出されたゴルゴタの秘儀を体験したのです。けれどもこのことは、現在の私たちだけにあてはまります。現代の人間は誰でも、物質界に生まれてくるとき、ゴルゴタの秘儀の残照を自らの内にたずさえていました。ゴルゴタの秘儀の何世紀も後で霊界に映し出された像の体験を持って生まれてきたのです。

もちろん、超感覚的に見る力のない人には、この衝動を直接観察することはできません。けれども、この衝動の力の結果を自分の中に感じ取ることは誰にもできるのです。この衝動を自分で体験したときに、「いかにしてキリストを見出すか」という問いへの答えが見えてきます。

愛するみなさん、けれどもそのためには、次のような体験が必要です。第一に、次のような自覚を持つことが必要です。「私は、一人の人間として可能なかぎり、自己認識を深めることに努めよう」。しかし、自己を認識しようと誠実に努めれば、現代の人間ならだれもが、次のような結論に到らざるをえません――「自分の求めているものを把握することが、私にはできない。自己を認識しようとしてどうあがいてみても、理解力が及ばない。どんなに努力してみても、自分の無力を感じるばかりだ」。

この体験は、たいへん重要です。自己の本質を知ろうとして誠実な態度で自問自答を繰り返した人なら、だれもが、ある種の無力感に突き当たるはずです。この無力感は、健全なのです。それは、自分に病があると知ることにほかならないからです。病気にかかっているのに気づかないとすれば、それだけ病が重いのです。人生の途上において、神に目覚めるには自分があまりにも無力であると悟ったとき、私たちは、すでにお話ししたあの病が自分の中に巣食っているのを感じ取ります。この病の影響を受けて、私たちは、魂についても、肉体に縛られている状態のままに、肉体と運命を共にして死ぬのではないだろうか、と思うのです。

しかし、この無力感を徹底的に体験したなら、変化がおとずれます。別の体験が起こって、次のことがわかります。肉体の力が及ぶ限られた現実にすっかり身をゆだねることなく、霊によってもたらされるものにひたすら心を向けるなら、そのときには、このような内的な魂の死を克服できるだろう、ということがです。

私たちには、魂をふたたび見出し、霊に結びつけることが許されています。絶望を乗り越えたとき、一方では存在のはかなさを実感し、もう一方では、存在の栄光が自己の中から輝き出るのを感じるでしょう。私たちは自らの無力によって病を自覚し、そのことを通して、救い主を、病を治癒させる力を、知るでしょう。自分に力がないことを身をもって知り、魂が死に近づく体験を経たとき、このことが起こるのです。救い主の力を受けて、内なる体験として、私たちは自らの魂の中に、いつでも死から甦ることのできる何かがあることを知ります。この二つの体験を求めるなら、私たち自身の魂の中に、キリストを見出すことができます。

これこそが、人間がこれから体験しようとしていることです。アンゲルス・シレジウスは、このことを次のような意味深い言葉で語りました。

キリストはあなたを解き放つことはできない――
ゴルゴタの十字架は、あなたを悪から解き放すことはできない

　　あなたの内に、十字架が打ち立てられないかぎり

十字架は、二つの極を私たちが自分の中に感じ取ったときに、打ち立てられるでしょう。肉体によって知る無力と、霊によって知る復活です。

　この二つの部分からなる内的体験が、私たちをゴルゴタの秘儀へと導きます。この出来事に対しては、まだ自分には超感覚的な物事を知る能力がないから、という言い訳は通用しません。そのような能力はいらないのです。単に、自分自身の現実を認識することができればいいのです。そして、自分の思い上がりと闘う意志があればいいのです。思い上がりは現代人に広く見られる欠陥です。自信を持ち始めると、すぐに自分の力を鼻にかけて傲慢になり、そういう自らの姿も、思い上がりから見えなくなっています。思い上がりのために、自分の無力を感じ取れないとすれば、自分の中に死も復活も感じ取ることができません。そうなれば、シレジウスの深い思いに触れることも、決してできないでしょう。

　　ゴルゴタの十字架は、あなたを悪から解き放すことはできない
　　あなたの内に、十字架が打ち立てられないかぎり

自分の無力にうちのめされても、そこからふたたび立ち上がる体験をすることができれば、真にイエス・キリストに関わるというすばらしい幸運を実際に授かります。この体験が何世紀も前に霊界で経験したことの繰り返しなのだからです。ですから、この体験を求めるなら、物質界にいる私たちの魂の中に、かつての霊界での体験の残像を探らなくてはなりません。自分自身の内面を探ってみてください。そうすれば、自分がいかに無力であるかがわかるでしょう。無力を知ったのち、救いを見出すでしょう。

しかし、そのとき、こんにちの神秘主義やいくつかの合理主義的な宗派の説教にまどわされないよう気をつけてください。例えば、アドルフ・フォン・ハルナックがキリストについて述べていることは、真実ではありません。その理由は単純で、ハルナックのキリストへの言及は、ご自分で読んでごらんになればわかりますが、神についての一般論のようなものだからです。ハルナックのキリスト論は、ユダヤ教の神についても、またイスラム教の神についても、およそ神というものすべてについてもあてはまります。

また、こんにち霊的に目覚めたと主張する人びとの多くは、次のように言います――「私は、自分の内に、神を感じる」。……けれども、彼らはうっすらと父なる神を感じているにすぎません。なぜなら、彼らは自分の病に気づくことなく、ただ昔からの神秘体験の伝承をもとに語っているだけだからです。それが、例えばヨハネス・ミュラーのしていることです。

しかしキリストは、こうした人びとの内にはいません。キリスト体験とは、人間の魂の中に神が現れるというようなことではなく、二つの体験が結びついて生じるのです。肉体を通して体験する魂の死と、霊を通して体験する魂の復活です。人前で、自分の中に神を感じると主張するのではなく、二つの体験、すなわち無力感と無力感からの復活をも語ることのできる人の語ることこそ、真のキリスト体験です。その人は、ゴルゴタの秘儀へ通じる自らの道を超感覚的世界に見出すでしょう。自分自身のうちに、超感覚的諸力を目覚めさせる強さを見出し、目覚めた諸力によってゴルゴタの秘儀へと導かれるでしょう。

愛するみなさん、現代の私たちは、直接の体験としてキリストを見出す望みをあきらめなくてもいいのです。無力感にうちのめされる体験から回復したときには、キリストと出会うのですから。

思い上がりを捨てて、自分の力について深く考えるとき、私たちは、自分がまったく無力であると感じ、むなしさにおそわれます。キリスト衝動のためには、この体験が不可欠です。しばしば人は、次のように言うことができればキリスト教に通じる、と思っています――「私は自分の自我の中に、高位の自我を見出した。神の自我を」。

でも、キリスト教は、次の言葉を礎《いしずえ》とすべきです。

ゴルゴタの十字架は、あなたを悪から解き放すことはできない
あなたの内に、十字架が打ち立てられないかぎり

今、私の申し上げたことは、日常の些細な出来事の中にも感じ取れます。小さな出来事にも、無力感とその無力感からの復活があるのです。愛するみなさん、ほかでもないこの時代に、人間が例えば、次のようなことを発見したとします。

「人間の魂の奥深くには、疑いもなく、真実への意志が、真実を言葉で表現しようとする意志が根ざしている」

しかし、真実を口にしようとするまさにそのとき、一瞬とどまってその発言について考えをめぐらせると、自らの無力を悟る道への最初の一歩を踏み入れることになるでしょう。神の真理を把握するには、生身の人間はあまりにも無力である、と感じるでしょう。真実を語ろうとする自分についての自己反省を行う瞬間に、とても奇妙なことに気がつくでしょう。

このことを感じた、かの詩人シラーはこう語りました。

「魂から発した言葉が語られるとき、悲しいかな、語るのはもはや魂ではない」

言葉として語られるまでの過程で、魂の内で経験された真実には、すでに曇りが生じています。真実がまったくなくなるわけではありませんが、曇らされるのです。言語の性格を理解し

ている人ならだれでも、何かを言葉で示すとき、本当に正確なのは、ひとつの対象にしか用いられない固有名詞だけだとわかるはずです。それ以外の一般化された言葉では、名詞であれ、動詞であれ、形容詞であれ、完全な真理など語ることはできません。その場合、発する言葉ごとに、真実から逸《そ》れていかざるを得ないのです。真実は、このことを意識し続ける私たちの姿勢の中だけにあるのです。

「語ることがことごとく、真実ではなくなる」

霊学は、この告白から始まるのです。これまでにもたびたびお話ししてきたように、霊学において重要なのは、何を語るかではないのです。語る内容にとらわれれば、やはり無力感に陥ります。ですから、何を語るかではなく、いかに語るかが大切なのです。主題をいかに多様な観点から描き出しているか、ひとつの事柄を、ある側面から、そしてまた別の側面から見るために、どれほど工夫をしているか、おそらく私の本を読むときにも、そうなさっていることでしょうが、よく検討してみてください。こうした作業を通してのみ、物事を論じることができるのです。

言葉とオイリュトミーとは別だ、と思っている方がいるとしたら、それは大きな間違いです。言葉をまさに、発声器官で、空気の助けを借りて、表現するのがオイリュトミーなのです。発声器官で表現されるのですが、言葉も身振りにすぎません。言葉は何かに注意を向けるにすぎないのです。本当に真理に関わろうとするのなら、私たちが表現しようとしていることを言葉がただ暗示しているにすぎない、と意識する必要があります。また、私たち人間が互いに、言葉は方向を示すものにすぎない、という意識をもって、共に生きていく必要があります。

オイリュトミーは、とりわけこのことを示そうとしています。オイリュトミーでは、人間の全身が発声器官になります。つまり、通常は発声器官だけで表現されることを全身であらわすのです。声で話しているときにも、やはり身振りであらわしていることを、感じ取れるようにするためです。

「父」とか「母」とかいう言葉で一般化して私が語るかぎり、私の本当に言いたいことが伝わりません。伝わるのは、その場で聞いている人が、私と共通の社会的体験を通して、その言葉の意味を理解し、言葉の身振りを理解するときだけです。

そのときにのみ、私たちは、言葉を語るだけでも、実際に陥りかねない無力感から立ち上がれます。このことを理解すれば、口を開いた瞬間に、キリスト者となるはずです。進化の過程において、言葉と共に生じたこと、ロゴスと共に生じたことが理解されるのは、言葉、ロゴスがふたたびキリストに結ばれたときだけです。次のことを私たちがはっきりと認識するようになったときです。

「私たちの身体だけが、発声のための道具となるとき、真実を引きずり下ろす。唇にのせた真実だけなら、生命が奪われる。私たちは真実を霊化しなければならない。つまり霊と共に思考しなければならない。言葉をそのまま受け入れるのではなく、霊と共に思考しなければならない。そうできたとき、キリストの下《もと》で真実を甦らせることができる」

愛するみなさん、このことを学ばなければなりません！

明日の公開講演でもこの問題をさらにお話しするつもりですが、じゅうぶん話す時間があるかどうかわかりません。そうしたいとは思っています。ともかく、ここであらかじめ言わせていただくなら、明日、同じ話を繰り返したとしても、どうぞ悪くとらないでください。

これから申し上げようと思うのは、すでにさまざまな場所で公にお話ししたことです。愛するみなさん、私たちは奇妙な発見をすることがあります。ある特別の事例に即して、そうした発見のことを述べたいと思います。私は、ウッドロー・ウィルソンがアメリカの歴史、文学、生活について著した非常に興味深いエッセーを熟読しました。ウィルソンは、アメリカが東部から西部へと発展していった様子を、壮大に、力強く描いています。ウィルソンの描き方はじつにアメリカ人らしいものですし、エッセーというかたちで出版されたこれらの講演録には、人を惹きつける力があります。『ささやかなる文章、その他のエッセー（Mere Literature, and Other Essays）』と題されています。

これらのエッセーを読みますと、アメリカ的なものの本質を学ばせられます。ウィルソンは典型的アメリカ人だからです。私は、ウィルソンのエッセー集の中のいくつかを、ごく客観的に、例としてヘルマン・グリムの文章と比較してみました。グリムはあらゆる点で典型的な一九世紀のドイツ人であり、典型的な一九世紀の中部ヨーロッパ人です。私はグリムの著述のスタイルに非常に好感をおぼえますが、ウィルソンのスタイルは同じぐらい非常に不快に感じます。ですが、これは個人的な意見にすぎません。

グリムの書き方を好み、ウィルソンの書き方には何かじつにいやなものを感じるのですが、それでもきわめて客観的に見ることはできます。そうすると、ウィルソンは典型的アメリカ人なので、とくにアメリカの民族が発展していく様子については、ただもう華々しく壮大な描き方をするわけです。

ウィルソンとグリムのエッセーは、どちらも歴史方法論について述べているのですが、比べてみると、何かまったく別の印象を受けました。ウィルソンのある文章をとりあげてみましょう。すると、ほぼ文字通りにグリムと同じことを言っています。そこでグリムの文章をウィルソンのエッセーの中に挿入してみます。やはりまったく同じです。

もちろん、どちらかが相手の文を借用したなどということはまったく考えられません！　文の借用について問題にしたいとは、まったく思っていません。それはありえないことです。ブルジョワ的、俗物的な見方をしなければ、この比較を通して次のことが学べる、という点が大切なのです――「同じことを言っても、二人が話せばそれぞれ別の話になる」。

ここに、問題があります。ウィルソンは、自分たちアメリカ人について語るとき、グリムが自分の歴史方法論に従って述べたときよりもずっと印象深く、はるかに示唆に富む表現をしています。いかにしてそれが可能なのでしょうか。しかもグリムの文章と同じ表現をウィルソンが用いているのです。どうしてそうなるのでしょうか。それは何に由来するのでしょう。ここに問題があります。

この問題を考えてみますと、次のことに気づきます。グリムの文体を、彼がどのように書いているかを研究すれば、どの文章も一個人としての真剣な取り組みによって獲得された文章であることが見てとれます。すべてに一九世紀の文化的観点が読みとれますが、まぎれもない意識魂そのものから発した言葉なのです。

ウィルソンの書き方は鮮やかですが、彼の無意識は何かにとらえられています。魔的なものの働きが感じられます。彼の無意識の中で何者かが働きかけ、彼にこれらの著作を書くよう仕向けているのです。魔的なものが、二〇世紀のこのアメリカ人の中に特別の仕方であらわれ、このアメリカ人の魂を通して語っています。だからこそ、華々しく、力にあふれているのです！

怠惰な現代人は、読んだものの内容だけを見て、この話は前にどこそこで読んだ、と言うことがよくあります。しかしいまや、内容ではなく、むしろ、誰が語っているかが重要であることを知るべき時代がきています。語っている言葉から、人間を知ることが重要なのです。言葉は身振りにすぎないのですから、誰がその身振りを行っているかを知らなければなりません。これこそ、人類が知悉《ちしつ》しなければならないことです。愛するみなさん、日常生活にひそむ重大な神秘がここにあります。一つ一つの言葉を、個人が自我の努力で獲得したのか、それともその言葉は何らかの方法で低次の場所や高次の場所から、あるいは脇から当人に吹き込まれたものなのかによって、重大な違いが生じます。

例えば、ほかから吹き込まれて書かれたものは、暗示的効果が強められています。逆に著者自身の真剣な努力で書かれたものを読むときには、読者にも一文一文に対する真剣な取り組みが求められます。魂の前に差し出された言葉を受けとるとき、ただ字句どおりの内容に注意を向けるだけではなく、そこであれこれ語っている者の本性に注意を向けなければならない時代が到来しつつあります。肉体を備えた人格の外面ではなく、その人間と霊との関わりの全体に注意を向けなければなりません。

「いかにしてキリストを見出すか」——現代の人間がこう問うなら、以上のように答えなければなりません。なんらかの思索や安楽な神秘主義によって、キリストに到達できるものではないからです。徹底的に深く人生に関わる勇気を抱くときにのみ、私たちはキリストに到り得るでしょう。この人生に深く関われば、言葉についてまでも、自分の無力を体験しなければなりません。言葉を発するのが身体であるゆえに負う無力です。この体験を経たのち、言葉における霊の復活がおとずれます。「文字は人を殺し、霊は人を生かす」（コリントII・三－六）という、誤解されがちな聖句に示された事実を私たちは体験します。そればかりでなく、音声もまた人を殺すのです。

ですから、私たちの個々の体験を実際にキリストとゴルゴタの秘儀に結びつけることによって、霊がふたたび甦らなければなりません。そここで美しい言葉に出会うとき、その言葉の内容にばかり気をとられないようにしてください。現代の人間にはみなそうなりがちな傾向がありますが、それよりも人間関係を大切にして、言葉が語られるとき、どのような領域から発せられたのかを見てとってください。このことがますます重要になってきています。

友人たちの多くがこのことをよく考えるようになったら、「あの人の話はじつに『人智学的』ですね、とか、『神智学的』ですね」などとは言われなくなるにちがいありません。

どういう言葉が語られたか、が重要なのではなく、どんな霊から出た言葉なのかが大切なのです。私たちは、人智学によって言葉を広めたいのではありません。そうではなく、新しい霊性、すなわち二〇世紀以降の時代のキリストの霊性を広めたいのです。

愛するみなさん、以上が付け加えて申し上げたかったことです。一週間前におこなった考察

「『天使は私たちのアストラル体の中で何をするのか』」を補い、私たちすべてに関わるこうした問題をふたたびお話しする機会が得られたことをしあわせに思います。また、近いうちに、チューリヒの支部での考察を続けることができるよう望んでおります。

この意味で、お互いに離れた場所にいても、私たちはたえず、「私たち人智学徒は、魂において結ばれている」という思いを抱いています。さらに、この意味で、私たちすべてを司る人類の霊において、変わることなく結ばれてありたいと願っています。

※翻訳について―本稿は、ハリー・コリソン（Harry Collison）による英訳（一九四一年、アントロポゾフィック・プレス刊）に基づいて、飯塚立人並びに諫早道子が訳したものを高橋巖がドイツ語原典に基づいて監修・加筆したものである。

訳者あとがき

この世がいかに尊いところか、この世の人間には死後に霊界での新しい人生が待っているとしても、この世でなければ体験できないことが無数にあります。「この世を生きることの尊さ」、このことがシュタイナーの思想の大本にあります。ですから、「復活」がシュタイナーの「キリスト論」の根底を支えています。

シュタイナー（一八六一～一九二五年）は、ベルリン時代の労働者養成学校の講師としての活動（一八九九～一九〇四年）からも、最晩年のゲーテアヌム再建のために働いてくれた労働者のための多くの講義（全集番号三四七～三五四）からも分かるように、若い頃から労働者の立場にある人たちと親しく付き合っていました。その多くが唯物論者だったので、シュタイナーの宗教思想も、唯物論から入っていける「自由」の道を探っていました。

本書では二〇世紀、二一世紀という時代の大きな転換期の中で、どうすればヒトがカミに出会えるのかをテーマにしています。冒頭の『聖杯の探求—キリストと霊界』（全六講、一九一三年のクリスマス）では、「グノーシス」、西洋のシャーマニズムともいえるギリシアのイオニア地方に興った「シビラ主義」、そして第五講、第六講ではシュタイナー自身が自分の未解決な大問題としてかかえているという「聖杯」とそれに取り組む「パルジファル」を取り上げて、カミとヒトの、キリストと人間の深い結びつきを語ってくれています。

本書のどこかで、私と霊界との接点に出会える読書の旅ができますように。

今回も春秋社の高梨公明さんと京都の飯塚立人さんに本書をまとめていただき、感謝しております。

二〇二三年五月二日

高橋　巖

プロフィール

ルドルフ・シュタイナー Rudolf Steiner（1861-1925）
ハンガリーのクラリエヴィェベック（現クロアチア）に生まれる。ウィーン工科大学卒業。ゲーテ学者、哲学者として活躍した後、1902年、神智学協会ドイツ支部書記長に就任。1913年、神智学協会を離れ、人智学協会を設立。霊学的観点から新たな総合文化の必要性を説き、その影響は宗教、芸術、教育、医療、農法、経済など、広範な分野に及ぶ。1925年、スイス・ドルナハにて逝去。著書・講演録多数。

高橋 巖 Iwao Takahashi
東京、代々木に生まれる。慶應義塾大学文学部大学院修了後、ドイツに留学。ミュンヘンでドイツ・ロマン派美学を学ぶなか、シュタイナー思想に出会う。1973年まで慶應義塾大学で教鞭をとる（美学・西洋美術史を担当）。1985年、日本人智学協会を設立。著書に『神秘学講義』『シュタイナー哲学入門』ほか、訳書に『シュタイナー・コレクション』全7巻、『秘教講義』全4巻ほか。

キリスト衝動 聖杯の探求　自由と愛の人智学 2

2023年 5 月30日　第 1 刷発行

著　者＝ルドルフ・シュタイナー
訳　者＝高橋　巖
発行者＝小林公二
発行所＝株式会社　春秋社
〒101-0021 東京都千代田区外神田 2-18-6
電話　(03)3255-9611（営業）
(03)3255-9614（編集）
振替　00180-6-24861
https://www.shunjusha.co.jp/
印刷所＝株式会社　太平印刷社
製本所＝ナショナル製本協同組合
装　丁＝本田　進

ISBN978-4-393-32560-5 C0010　定価はカバーに表示してあります。